KB139292

여성은 어떻게 이혼을 결정하는가

여성은 어떻게 이혼을 결정하는가

주혜주 지음

KSi 한국학술정보㈜

머리말

어느덧 우리 주변에 서로 좋아 한 가정을 이루고 살던 커플들이 다시는 보고 싶지 않은 남남이 되어 헤어지는 모습을 쉽게 볼 수 있는 시대가 되었다. 나는 간밤에 부부싸움만 하고 나도 다음날 하루 종일 마음이 흐트러져 일이 손에 잡히질 않는다. 하물며 이혼이라는 큰 사건을 겪으면서 얼마나 많은 부부가 서로 상처를 입고 어려운 시간을 보낼까 생각할 때마다 마음이 아려왔다. 그러면서 마음 한편으로는 퍽이나 궁금했다. 어떤 사건이 생겼을 때 한순간에 이혼을 결정하는 걸까? 어떤 요인들이 이혼을 결정하는 데 영향을 미칠까? 등등….

점차 우리나라도 서구의 다른 나라들 못지않게 이혼이 급증하고 있다. 우리 사회는 미처 이혼에 대한 준비가 미비하여 이혼 급증현상에 대해 효과적으로 대처하지 못했다.

특히 이혼을 금하고 있는 교리와는 상반되게 점차 이혼하는 교인들이 늘어나면서 목회현장은 난감한 지경에 이르렀다. 이렇듯 급변하는 시대의 교회 목회자와 같이 사는 한 사람으로서, 또한 인간이 살아가는 데 있어서 가정(특히 부부가)이 가장 핵심이 되는 관계라고 믿는 나로선 평소에 가지고 있던 의문에 대한 답을 얻고자 이혼 결정 과정에 대한 연구를 시도하게 되었다. 더 나아가 이혼 결정 과정을 알아야 시기마다 적절한 다양한 도움이 제공될 수 있다고 생각하였다. 즉 이혼 위기 예방을 위해서는 이혼 결정의 동기화가 되는 내적 심리 과정 분석이 필요하다고 보았다.

본 연구는 통계자료로 현상을 검증하거나 결과를 추출하는 통계 조사나 양적 연구가 아니다. 참여자들과의 심층면담을 통해 얻은 자료를 분석한 질적 연구이다. 이혼 여성 당사자들의 목소리를 통해 그들의 경험을 최대한 있는 그대로 전달하고 싶었다. 또한 당시만 해도 이혼 남성에 대한 접근이 쉽지 않았고 내 개인적인 생각은 물론 많은 자료에서 결혼 생활이나 이혼을 겪으면서 여성이 남성보다 더 힘들어한다고 제시되어 있어서 우선 여성만을 대상으로 이혼 결정 과정을 연구하게 되었다.

본 연구 결과에 따르면 우리나라 여성은 이혼을 결정하기까지 기존 국내외 연구 결과에서 제시되었던 것보다 더 많은 단계를 거친다. 이와 같은 연구 결과는 이혼 결정 과정에 대한 구체적인 이해를제공함으로써, 결혼 생활에 어려움을 겪는 여성들에게 도움을 줄 수 있는 시기별 전략과 개별화된 중재를 개발하는 데 유용한 기초 자료로 활용될 수 있으리라 기대된다.

마지막으로 이 연구가 글이 되어 나오기까지 도와주신 많은 분께 감사드린다. 특히 털어놓기 어려운 주제인데도 같은 아픔을 지닌 다른 이들을 위해 기꺼이 면담에 응해 주신 연구 참여자들께 진심으로 감사드린다. 그리고 이 세상에 즐거운 소풍을 보내주신 하나님 뜻에 따라, 작지만 이 결실을 아픔을 겪는 이웃들과 나누고 싶다.

차례

제1장

프롤로그

1. 연구의 필요성

우리나라의 이혼율은 1970년대부터 상승하기 시작하여 1980년에 인구 1,000명당 이혼건수 6건(조이혼율 0.6)에서 1990년에는 조이혼율 1.1, 2002년에는 3.0, 2003년에는 3.5로 꾸준한 증가를 보이고 있다. 이와 같이 증가하고 있는 이혼은 어떤 경우라도 최소한의 고통을 필연적으로 수반할 수밖에 없다. 이혼은 개인이 경험하는 생활사 중에 가장 스트레스가 많은 생활변화 중에 하나이고, 더 나아가 커다란 위기이기 때문이다(Holmes & Rahe, 1976). 이혼 위기를 잘 해결하지 못하면 부정적인 반응으로 신체적, 정신적 병리증상이 나타난다. Casteel(1982)은 이혼한 사람의 91%가 보통 이상의 스트레스를 경험하였고 반 이상이 병원에 입원한 환자만큼 우울하였다고 했다. 또한 Griffith(1983)는 별거 중인 여성에서 안절부절, 소화 장애, 두통, 요통, 수면장애, 영양불량, 허약감, 신경과민, 긴장감, 불안, 분노, 고독, 슬픔 등의 증상도 나타났다고 보고하였다(박영숙 외, 1999, 재인용). 한편 여성이 남성보다 훨씬 오랜 기간에 걸쳐 결혼 생활의 문제나 위기를 인식하며, 따라서 이혼을 원하는 비율도 높다(김정옥, 1993; 김병찬, 2000; AIFS, 1999).

여성이 이혼 전후로 경험하는 이와 같은 문제들은 정신간호 연구 영역이다. 즉 이혼 여성은 지역사회 간호 현장에서 빈번하게 만나는 간호요구 대상자들로서 이들을 위한 포괄적이고 효과적인 간호중재 개발이 시급한 실정이다. 정신건강 차원에서 보면 질병의 발생을 예방하는 일차 예방, 질병을 조기발견하고 즉시 중재하는 이차 예방, 재활서비스를 제공하는 삼차 예방이 있고, 이것은 정신간호의 예방적 차원에서 중요 영역이다. 이런 개념에서 볼 때, 이혼 위기를 겪는 대상자들을 위해 일차 예방으로는 결혼 생활의 어려움으로 인해 생기는 문제해결 기술훈련 및 스트레스 반응관리, 이차 예방으로는 이혼 결정 위기중재와 긍정적인 대처행동의 습득, 삼차 예방으로는 스트레스 증상 완화와 긍정적인 대처행동의 지속적인 강화가 필요하다. 이 중에서도 결혼 생활의 질 향상과 이혼 위기 예방을 위한 일차예방은 이혼의 발생을 예방하는 측면에서 가장 바람직한 간호중재의 하나이다. 특히 이혼의 네 단계-이혼 전 결정기, 결정기, 협상기, 재평형기-중 이혼을 결정하기 전이 가장 힘든 시기라고 Albrecht(1980)도 주장하였듯이 이혼 결정 과정에서의 간호중재의 필요성은 크다(박영숙 외, 1999, 재인용).

국내의 이혼 관련 연구들을 살펴보면 이혼 실태 조사와 관련하여 이혼 동향, 이혼법, 이혼 판례 분석(최진섭, 1990; 이화숙, 1996; 표계학, 1995; 김순옥·노명숙; 2000) 등의 연구가 있고, 이혼 원인과 관련된 연구로는 이혼에 미치는 사회 배경 변인들, 상관변인들에 대한 연구(최재석, 1981; 서문희, 1993; 변화순, 1988, 1995; 강희숙, 1987;김태진, 1992; 오선주, 1995), 이혼 원인 연구(엄신자, 1988; 곽배희, 1994; 주정, 1995) 등이 있다. 또한 이혼 후 본인 및 가족, 가정에 미치는 영향을 분석한 연구로는 이혼에 대한 태도 조사(오형선, 1989), 이혼이 자녀에게 미치는 영향 연구(박현숙, 1981; 주소희, 1992; 김남숙, 1993), 문학작품 속 주인공들의 이혼 경험의 분석(김계행, 1991), 이혼 후 적응에 관한 연구(방선욱, 1993; 성정현, 1998), 기독교적 입장에서의 이혼 연구(윤형진, 1996), 한국 사회의 이혼율 증가에 관하여 1997년 이후 구조적 요인과 미시적 요인을 중심으로 살펴본 연구(이주홍, 2002) 등이 있다. 한편 사례연구로 내담자를 통해서 본 이혼의 원인과 근인에 관한 연구(엄신자, 1988), 이혼 원인 및 과정에 관한 사례 연구(곽배희, 1994, 2002) 등이 있다.

이밖에 여성의 이혼 경험을 통해 본 가부장적 결혼 연구(김혜련, 1993), 이혼여성의 모성경험에 관한 질적 연구(노영주, 2001), 이혼여성의 자녀양육경험(송미승, 2001), 여성의 이혼과정에 관한 근거이론 연구(최정숙, 2004) 등 여성을 대상으로 하여 이혼 경험 대상자의 입장에서 이루어진 연구가 있다. 여성 이혼자들을 직접 대상으로 하여 이혼의 과정을 실증적으로 다룬 연구 중 김혜련(1993)과 곽배희(1994)의 연구는 가부장제와 여성 해방의 관점에서 이혼을 다루어 사회구조적인 면을 강조하였고 이주홍(2002)은 통계자료를 통하여 1997년 경제위기가 이혼에 미치는 영향을 분석하고 동시에 개개인이 이혼에 이르는 과정을 미시적으로 파악하기 위해 여성 이혼자들에게 심층면접을 실시하였다.

이혼에 관한 국내 연구의 대부분은 통계조사나 양적 연구들로서 이와 같은 기존의 연구방법으로 이혼이 진행되는 과정을 심층적으로 이해하기는 불가능하며, 시간의 경과에 따른 이혼 결정 과정을 파악하는 데는 한계가 있다. 즉 기존의 통계조사나 양적 연구 방법으로는 결혼 생활의 위기를 예방하기 위한 정신간호중재의 원리를 제공받기 어렵다.

한편 최근 연구주제의 폭이 넓어져 여성의 이혼 경험과 과정을 당사자들의 입장에서 심층적으로 연구한 질적 연구가 시행되었으나, 이혼 과정을 전반적으로 다루었을 뿐 이혼 결정 과정에 초점을 맞춰 심도 깊게 파악한 연구는 아직 이루어지지 않았다. 특히 일차 예방적 관점에서 볼 때 이혼 위기 예방을 위해서는 이혼 결정의 동기화가 되는 내적 심리과정 분석이 필요하다.

이혼에 관한 국외의 선행 연구를 살펴보면 1950년대에 W. Goode의 이혼에 관한 연구를 필두로 각 분야에서 이혼 관련 연구가 활발히 이루어져 왔으며, 주로 이혼으로 인한 영향에 관한 연구가 많은 부분을 차지하고 있다(Amato, 2000). 이혼과정에 관한 연구(Bohannan, 1970) 등도 있었으나, 이혼의 결정과정에 초점을 맞춰 시행된 연구는 거의 없다. 더욱이 사회문화적 맥락이 다른 국외 연구의 결과를 우리나라에서 그대로 해석하고 적용하는 데에는 많은 한계와 문제점이 있다.

서구사회의 이혼율은 오랜 기간에 걸쳐 서서히 증가해온 반면 우리나라는 짧은 기간 동안에 이혼율이 급증하는 사회적 현상을 맞고 있다. 이와 같이 이혼율이 급증하는 현실에 대해 우리 사회는 아직 국가적, 개인적으로 적절한 대처를 못하고 있으며, 간호학적 관점에서 보면 이혼 위기를 겪는 대상자들에 대한 연구가 전무하여 이에 대한 간호중재 준비가 부족한 실정이다.

최근 간호현장이 임상 중심에서 벗어나 지역사회, 사업장, 학교, 보건소, 정신보건센터 등 지역사회로 확대되고 있고 간호사들이 이미 대상자들의 신체, 정서, 사회 및 영적 문제들을 발견하고 관리해 온 사실을 감안할 때, 간호는 대상자가 자신의 문제에 대해 가장 쉽고 편하게 의논하고 도움받을 수 있는 전문분야라는 이점이 있다.

적절한 간호중재를 제공하기 위해서는 중재 시기, 중재 방법, 중재 내용 등의 원리가 밝혀져야 하나, 기존 국내외 선행 연구들은 이혼 과정 중 가장 힘든 시기라고 지적된 이혼 결정 과정에서 제공해야 할 간호중재의 시기, 방법, 내용들을 파악하기에 한계가 있다. 따라서 여성들의 이혼 경험을 통해 이혼을 결정하기까지의 과정을 포괄적으로 분석하여 이해하는 것이 필요하다.

이에 연구자는 결혼한 부부가 이혼을 생각하게 된 동기는 무엇인가? 어떤 과정을 거치는가? 이 과정에서 이혼 결정에 영향을 미치는 요인은 무엇인가? 등에 대해 심층적이고 통합적인 연구문제를 제기하게 되었다. 근거이론방법은 현상의 변화 혹은 적응 과정을 자세히 밝히는데 도움을 주는 분석틀이 잘 만들어져 있기 때문에, 본 연구 현상과 같이 복잡한 과정을 규명하고자 할 때에 적절한 방법이다.

본 연구는 근거이론방법을 통하여 당사자들의 이혼 경험에서 나타난 개념들을 찾아내어, 그 개념들 간의 관계를 파악함으로써 여성의 이혼 결정에 대한 기본적인 심리과정을 규명하고자 한다.

더 나아가 본 연구는 여성의 이혼 결정 과정을 설명하는 실체 이론을 개발하여, 이혼 결정의 각 과정에 필요한 간호중재 개발을 위한 기초자료를 마련하고자 한다. 더 나아가 이를 통해 지역사회를 비롯한

다양한 삶의 현장에서 이혼이라는 위기상황에 대한 일차 예방, 이차 예방, 삼차 예방을 포함하는 정신간호 실무의 이론적 토대를 제공하고자 한다.

2. 연구 목적

본 연구의 목적은 근거이론방법을 이용하여 우리나라 여성의 이혼 결정 과정을 총체적으로 이해하고 설명하여 이를 통해 실체이론을 개발하는 것이며, 본 연구의 결과를 통해 여성의 이혼 결정 과정과 관련된 위기 간호중재 개발을 위한 기초 지식체를 제공하고자 한다.

구체적인 연구 질문은 "이혼여성이 경험한 이혼을 결정하는 과정은 어떠한가?"이다.

제2장

문헌 속의 이혼

본 장에서는 이혼의 증가에 미치는 사회적, 개인적 배경과 이혼의 과정에 대해 고찰하고, 이 연구에 접근하는 방법으로 채택한 근거이 론방법에 대해 살펴보고자 한다.

1. 이혼의 증가

1) 이혼 증가의 사회문화적 배경

법률상 이혼이라고 함은 "완전 유효하게 성립한 혼인을 당사자인 부와 처가 살아있는 동안에 그 결합관계를 해소시킴으로써 혼인으로 인하여 발생했던 일절의 효과를 소멸시키는 것"으로, 부부 중에서 한 사람의 사망으로 혼인관계가 자연적으로 소멸되는 것과는 다르다. 이 혼에 관하여 Mabel A. Elliot는 "더 이상 유지할 수 없는 언약, 불신, 심한 갈등, 고통스러운 환멸 때문에 이미 파괴된 부부관계에 새로운 법적 지위를 주는 과정"이라고 하였고, Goode(1956)는 "두 사람이 같이 살아야 한다는 사실에서 불가피하게 일어나는 긴장으로부터 도피하는 방법"이라고 하였다(윤형진, 1996, 재인용).

Lamanna와 Riedmann(1991)은 이혼은 개인적인 차원에서는 실제 결혼 생활에서 행복감이 충족되지 못할 때 부부 간의 갈등을 해결해 주는 마지막 수단이나, 결혼에 대한 포기를 의미하는 것이 아니고, 더 이상 불행을 참을 수 없으며 행복한 결혼 생활로 대치하려는 희망을 의미한다고 하였다

2004년도 한국의 사회지표(통계청, 2004)에 의하면 2003년도 조이혼율(粗離婚率)은 1993년 1.3건에서 2002년 3.0건, 2003년 3.5건으로 빠른 속도로 증가하고 있다. 1989년에서 2000년까지의 사회지표, 인구 동태연보 등의 자료를 분석한 결과(남은자, 2001)를 보면 동거기간이 10년 미만인 부부의 이혼은 감소하는 반면 10년 이상 동거한 부부의 이혼율은 증가하고, 부부의 불화가 이혼 사유의 절대적인 비중을 차지하는데 경제적인 어려움을 겪으며 부부간의 갈등이 고조된다고 하였다. 이혼이 이루어진 형태에서는 1993년에는 재판이혼이 19.6%, 1998년에 16%로 감소하는 반면 협의이혼이 1993년에는 73.9%였는데, 1998년에는 83.8%로 증가하여 협의이혼의 지속적인 증가 추세를 알 수 있다.

Australia Institute of Family Studies(AIFS, 1999)는 부부가 이혼하게 되는 이유를 설명하기 위해서는 주어진 사회적, 문화적 맥락 내에서의 결혼의 속성과, 그 결혼에 관여된 개인에게 주는 독특한 의미를 둘 다 고려해야 한다고 하였다. 실패하기 쉬운 결혼에 관한 질문에서

White(1990)는 '개인의 경험을 구조화하는 사회 내의 변화'를 조사할 필요가 있다고 주장했다.

사회문화적 배경과 이혼과의 관계를 보고한 연구를 살펴보면 김정옥과 박경규(1993), 김정옥(1993) 등은 문헌 연구를 통하여 이혼이 증가하는 배경으로 산업화 과정, 사회·경제적 조건, 지리적 조건, 인구학적인 특성들이 관련되었다고 하였다. 구체적으로 살펴보면 산업화가 진행되면서 부부간의 경제적인 의존도가 약화된 점, 사회적·법적·도덕적으로 이혼을 할 수 없는 사회적 장치들의 약화 및 가치관의 변화, 결혼에 대한 비현실적인 높은 기대와 이상주의적인 결혼관과 이혼에 대한 낭만적인 신화, 결혼 자체의 성격의 변화 등을 지적하였다. 경기가 후퇴하고 침체되는 시기에 이혼율이 낮고, 호황기에 이혼율이 상승하는 것이 간접적이기는 하나 사회적 요인으로 작용하며, 지리적 조건으로서 도시지역이 시골보다 이혼율이 높고, 급속히 성장하는 지역이 전통적인 형태를 덜 추종하기에 이혼율이 높다고 볼 수 있다. 김순옥(1994)은 가문이나 제도적 규제의 약화를 이혼 증가의 사회적 배경으로 들고 있는데, 현대에는 결혼이 성립될 때에 가족이나 친족보다는 개인의 의견이 더 중요시되며, 지리적 이동이 잦아 가문의 구속력이 감소되었고, 무책이혼이나 협의이혼이 가능하도록 되어 있는 이혼법 역시 이혼의 가능성을 높이고 있다는 것이다.

1982년에 시행된 김혜선의 연구에서 이혼 증가의 요인으로 가치관의 변화, 여성의 경제적 자립, 가족 형태의 핵가족화, 여성의 지위 향상과 같은 현대화 과정, 갑작스런 경제 변화, 배우자의 법적 지위 변화 등이 이혼 상승의 원인으로 제시됨을 주시하였다.

1990년대 이후에 이루어진 연구에서는 우리나라에서 일어난 급격

한 사회·경제·문화구조의 변화들이 개인의 이혼 증가에 분명히 더 많은 영향을 미쳤음을 쉽게 발견할 수 있다. 이주홍(2002)은 이혼 증가의 사회문화적 요인으로 재산 분할권과 자녀 양육권을 허용하는 개정 가족법의 변화와 파탄주의에 따른 이혼의 허용이라는 법제도적 요인, 여성의 사회경제적 지위 상승, 가족 가치관의 변화를 꼽았다. 또한 1997년 이후의 우리나라 경제 위기가 이혼율 증가에 있어서 촉진 요인의 역할을 했다고 보고하고 있는데, 실업률 증가가 실직자의 경제 상태와 건강 상태에 부정적인 영향을 미치고, 배우자와의 관계에서 긴장을 증가시키는 것으로 보았다. 조성희(1999)는 실직과 관련해서 실직 경험이 있을수록 그리고 실업이 비자발적일수록 더욱 악화되는 경향을 보인다고 보고하였다.

White(1991)가 1980년대 이혼의 결정 요인과 관련된 문헌을 검토한 연구 결과에서는 이혼의 거시구조적 결정 요인으로 유책주의에서 파탄주의로 법제도가 변화하여 호주와 캐나다에서의 이혼이 증가했으며, 경제상태가 공황일 때 이혼율이 감소하고 호황일 때 증가하며 개인의 경제적 소유는 이혼을 증가시킨다고 하였다. 산업화의 영향으로 경제적 안정성, 개인적 서비스 만족, 레저 등에 대한 대안을 가족 외에서 찾을 수 있는 가정 구조의 변화로 인해 결혼과 출산율은 감소하고 이혼율은 증가하였다. 사회구조적으로 성비에서 여자의 인구비율이 높으면 이혼율이 증가하고, 여성 취업은 이혼율을 증가시키며, 사회적 통제가 강할 때 이혼율이 낮으며, 문화적 가치관에서 개인주의는 이혼율을 상승시킨다고 하였으나, 이는 이혼율 증가의 설명 요인이기보다 종속 또는 중재 변수로 여기는 게 더 적절하다고 보았다.

인구학적 특성과 관련해서 Norton과 Moorman(1987)의 연구 결과에서 20세 이하에서 결혼한 집단이 비교 집단인 20대에 결혼한 집단보다 이혼율이 2~3배 더 높았다. 이에 관하여 Glenn과 Suspanic(1984)은 젊은 사람들이 정서적으로 보다 미성숙하고 결혼에 대한 책임이 희박하며, 젊은 연령에 결혼하는 사람들은 하류 계층에 갈수록 많아지고, 혼전 임신이 결혼의 동기로 부여되고, 불행한 가족생활로부터 도피하는 이유로 성급히 결혼하는 특성을 지니고 있기 때문으로 보고 있다.

호주에서 이혼 남녀 650명을 무작위 전화 인터뷰하여 이혼 사유를 조사한 연구(AIFS, 1999) 결과에서 이혼에 영향을 미치는 인구학적 특성 및 생의 주기 변수로는 조혼, 결혼 전의 동거생활과 임신, 낮은 교육수준과 수입, 부모의 이혼, 비전통적인 가족 가치관, 이전 결혼 경험, 여성의 취업, 그리고 정신질환 등이 제시되었다. Carmichael, Webster와 McDonald(1997)의 연구 결과에서는 이른 나이의 결혼, 빠른 임신과 적은 수입 등과 같은 요소는 요인 간에 서로 영향을 미친다고 지적했다. 이러한 인구학적 위험 요소에 대하여 Kurdek(1993)은 관계 역동상 부부 한 사람, 혹은 두 사람의 '결혼 역할 수행이나 대인관계에서의 갈등을 건설적으로 해결하는데 전반적으로 준비가 안 되어 있거나, 능력이 의심되는 것'으로 해석했다.

Amato와 Rogers(1997)는 결혼문제와 이혼에 관한 종단연구에서 결혼 연령, 혼전 동거여부, 교육 정도, 인종, 결혼 기간, 종교, 아내의 직업 여부, 수입, 재혼, 부모의 이혼 등을 이혼에 영향을 미치는 인구학적 특성과 생의 주기 변수로 제시하였다.

그러나 Gottman(1994)은 이러한 많은 인구학적 예상변수들의 효과가 통계적으로는 중요하지만 그 영향은 적다고 지적하면서, 사회인구학적 특성의 영향은 이혼으로 이끌 수 있는 의사소통과 갈등을 포함하는 관계 기대와 행동에 영향을 미치는 중재 변수로서 작용하는, 즉 보다 간접적일 수 있다고 말했다. 이러한 위험 요인에 대한 연구가 중요한 이유는 예방프로그램에서 도움이 필요한 부부를 도울 수 있기 때문이며, 또한 결혼을 좀 더 만족스럽고 견뎌낼 만한 것으로 만들기 위해 변화시킬 수 있는 요소와 과정(process)을 제시하기 위하여 필요하기 때문이다.

2) 이혼 사유

개인적 이혼 사유에 대한 선행 연구들은 통계청 자료, 법원 자료, 가정법률상담소 자료 등 문헌을 중심으로 이혼 사유를 분석한 것과 이혼 당사자들에 대한 설문지, 면담, 또는 사례연구 등을 통해 조사한 것들로 분류된다.

문헌 자료를 분석한 연구를 보면 주미대(1982)의 연구에서 1956년 8월 25일부터 1981년 7월 31일까지의 가정법률상담소의 이혼 사유 조사결과 1위는 「기타 혼인을 계속할 수 없는 중대한 사유」(6호)이고, 2위는 배우자의 부정, 3위는 본인이 학대를 받은 때의 순으로 나타났다.

한국가정법률상담소를 방문한 내담자들의 상담 자료를 분석한 엄신자(1988)의 분석 결과에서 여성의 경우 제1순위는 민법 제840조 「배우자나 직계존속으로부터 심히 부당한 대우를 받았을 때(제3호)」(38.9%), 제2순위는 「기타 혼인을 계속하기 어려운 중대한 사유(제6호)」(32.2%), 제3순위는 「배우자에게 부정한 행위가 있었을 때(제1호)」(23.8%)의 순이라고 하였다.

여성의 경우,「배우자나 직계존속으로부터 심히 부당한 대우를 받았을 때(제3호)」가 가장 큰 이유가 되는 것은 남성보다 혼인으로 인해서 배우자와의 관계, 그 친족과의 관계, 특히 시부모와의 관계에서 많은 어려움을 겪고 있기 때문이다. 내담자들이 진술한「배우자나 직계존속으로부터 심히 부당한 대우를 받았을 때(제3호)」의 구체적 내용을 보면 가장 많은 이유가 모든 연령층에서 '구타'이며, 두 번째로 '멸시', 세 번째 이유로는 연령별 차이가 있어 '친족이 개입'(20대), '금품 요구'와 '남편의 성격 이상 및 주사'(30대), '경제적 빈곤'(40대), 50세 이상에서는 '욕설'이었다.

남성의 경우 여성과는 다르게 1순위는「기타 혼인을 계속하기 어려운 중대한 사유(제6호)」(49.6%)이며,「배우자의 악의의 유기(제2호)」가 이혼 원인 제2순위로 나타났다. 상담과정에서 더 구체적인 이유를 알아본 결과, 과실은 남편에게 있는데 부부 불화로 같은 집에서는 살 수가 없고, 이혼은 하기 싫어서 아내가 집을 나가게 된다. 이때 남편들은 아내의 행방을 아는 경우와 전혀 알지 못하는 경우가 있지만, 한결같이 "아내의 가출을 이유로 더 이상 참을 수 없다"고 법원에 이혼 청구를 한다고 한다. 아내들은 남편이 이혼을 요구한다고 대항하거나 남편이 일방적으로 재판을 하도록 방관하기도 한다. 주관적 이혼 원인에 이성 간에는 차이가 있었으나, 동성의 각 연령층 간에는 큰 차이가 없었다.

「기타 혼인을 계속하기 어려운 중대한 사유(제6호)」의 구체적 내용은 남성의 경우 대체로 성격 차이, 생활 양식 차이와 아내의 질병이었으나, 20~29세에서는 아내의 질병, 40~49세에서는 성적 불만, 50세 이상에서는 애정 결핍에 많은 비중을 두는 것으로 나타났다. 여성의 경우 남편의 주사, 성격 차이, 남편의 생활 무능력 순으로 나타났다.

2001년에 한국가정법률상담소에서 내담자의 이혼 사유를 성별, 연령별, 직업별, 소득별로 구분하여 정리한 통계를 사용하여 이혼 원인을 분석한 이주홍(2002)의 연구에서는 성별 구별 없이, '성격 차이'이고, 다음은 생활 무능력, 경제 갈등, 폭언이나 기물 파손, 주벽, 도박, 의처증 혹은 의부증의 순서로 나타났다. 그밖에 불성실이나 무책임, 대화 단절, 무관심 등은 1995년도에 새로 설정한 항목인데도 비교적 높은 비율을 나타내고 있다. 여성의 경우, 성격 차이가 이혼 사유 중 가장 높은 비율을 차지하고, 남편의 생활 무능력, 주벽, 폭언이나 기물 파손, 경제 갈등, 도박, 의처(의부)증, 불성실, 무책임 등의 순이고 그밖에 성적 갈등이나 질병, 고부 갈등, 대화 단절이나 무관심의 이유로 이혼하였다.

주관적인 이혼 사유의 변화를 종합해 볼 때 시간이 지날수록 1991년에는 없었던 항목인 성격 차이나 생활 양식 차이, 대화 단절, 무관심, 불성실, 무책임, 애정 상실 등과 같이 결혼 생활의 질, 삶의 질과 관련된 항목들이 1999년에는 크게 증가하였다. 이는 여성들이 점차 남편과 자녀, 일가친척, 사회적 상황 등 외부적인 조건에 자기를 맞추어 살기보다는 스스로를 위해 더 나은 생활을 하기를 원하고 있다는 것을 의미한다. 10여 년의 차이를 두고 같은 상담소에서 시행된 연구 결과를 통해 볼 때 시대적 사회적 변화와 함께 이혼의 사유에서 개인의 욕구와 갈등이 원인으로 많이 대두되었음을 알 수 있다. 또한 1997년 이후 '생활 무능력'과 '경제 갈등'과 같이 가정의 경제 상태와 관련한 이혼 사유가 증가하였다. 이는 1997년 말 발생한 경제 위기가 부부

관계에 갈등을 가져오는 원인이 되었다는 것을 보여준다.

이혼의 사유에 대해 시행된 실증적 연구들을 살펴보면 104명의 여성과 24명의 남성을 대상으로 실시한 김정옥(1993)의 연구에서 나타난 이혼의 지각된 원인으로는 여성의 경우 '남편의 부정한 행위(29.8%)'로 남편이 다른 여성에게 관심을 가진 것으로 나타났고, 그 다음이 '성격 차이', '경제 파탄', '신체적 폭력', '무자녀'의 순위였다. 이혼에 영향을 미친 중요성의 우선순위에 관계없이 응답자들이 가장 많이 지적한 이혼의 원인은 '성격 차이', '남편의 부정 행위'였다. 남성들의 경우 가장 중요했다고 생각되는 이혼의 원인으로 지적한 내용은 '배우자의 부정 행위', '아내 역할의 불충실', '성격 차이'의 순위였다. 즉 일반적으로 이혼하게 된 주된 이유를 여성, 남성 모두 '배우자의 외도'를 지적하고 있었고 우선순위에 관계없이 많이 지적된 내용으로 남성들은 '아내 역할의 불충실'을 지적하였다.

재판이혼의 사례를 조사한 박부진(2000)의 연구 결과에서 부정 행위가 49%로 가장 높은 비율의 이유이었다. 이혼여성을 대상으로 설문지를 통해 파악한 김형선(1997)의 연구에서도 이와 동일한 결과를 얻어, 이혼의 원인은 1순위에서는 이성관계, 성격 차이, 경제 파탄 순이다. 2순위에서는 폭력과 폭언, 성격 차이, 거짓말 또는 무책임한 행동 순이며, 3순위에서는 불성실이나 부양 능력이 없음, 폭력과 폭언, 거짓말 또는 무책임한 행동 순이었다.

이혼 원인과 이혼 과정에 대한 김병찬(2000)의 연구 결과에서는 사회인구학적 요인과 이혼 원인에서는 남성의 경우 성격 차이(23.2%), 배우자의 외도, 경제 파탄 순이었고 여성의 경우 배우자의 외도

(32.7%), 성격 차이, 본인의 외도, 배우자의 음주, 경제 파탄, 생활 무능의 순이었다. 성별 비교를 위하여 이혼 원인의 중요한 순서대로 가중치를 부여하여 백분율로 변환한 결과 남성은 성격 차이, 경제 파탄, 배우자의 외도 순이었고, 여자는 배우자의 외도, 성격 차이, 경제 파탄 순이었다. '이혼 원인 제공'은 남성의 경우 외도, 신체적 폭력, 부인에 대한 간섭 및 학대 등이 30.7%인 것에 비해 여성은 가출, 경제적 낭비, 배우자의 거짓말 등이 13.1%에 불과했다. 즉 이혼 원인의 차이에서 남성은 이혼 원인 제공의 비율이 상당히 높았으며, 이에 비해 여성은 이혼 원인을 제공하는 비율이 낮았다.

이혼 실태 및 원인에 관한 연구를 한 곽배희(2002)는 예전에 비해 이혼 사유가 다양해진 것을 지적하면서 성격 차이, 생활 무능력, 경제 갈등, 폭언, 무시, 모욕, 대화 단절, 성격 파탄, 주벽, 불성실, 무책임, 애정 상실, 양가가족과의 갈등 등이 보고되었음을 지적하였다. 남성들의 '성격 차이'의 구체적인 내용은 '아내가 순종적이지 않다', '시댁에 잘하지 못한다'인 반면, 여성들이 말하는 '성격차이'는 '남편이 나를 존중하지 않는다', '대화하려고 하지 않는다', '매사를 일방적이고 자기중심적으로 생각하고 행동한다'였다. 남성들은 여성들이 집단적이고 전통적인 가족 규범에 순응할 것을 요구하고, 여성들은 남편들이 일차적으로 자신을 인격적으로 존중해 줄 것을 요구하고 있다는 것이다. 그리고 이러한 의식의 차이가 이른바 여성과 남성 각각의 성격차이로 표현된다고 하였다. 연령이 낮을수록 이혼 사유에 있어서 삶의 질을 고려하는 측면이 강하고, 연령이 높고 혼인 생활이 긴 경우 삶의 질보다는 생존의 문제를 더 중요시하는 경향을 보였는데 이러한 경향은 자아를 중시하는 성향이 강해지고 있음을 의미한다.

이혼 남녀 650명을 대상으로 한 AIFS(1999)의 연구 결과에서 주관적인 이유로 정서적인 원인이 가장 많았는데 그 순위를 보면 1위가 대화의 문제, 2위가 부조화, 3위가 부정행위, 4위가 알코올/약물중독, 5위가 본인과 자녀에 대한 신체적 학대, 6위가 재정적 문제, 7위가 정신질환으로 나타났다. 한편 여성의 경우 대화 문제, 부정 행위, 부조화, 알코올/약물중독, 신체적 학대(본인, 자녀), 재정적 문제, 정신질환 순으로 나타났다.

White(1990)는 1980년대 시행된 이혼에 관한 문헌고찰을 한 결과 이혼에 영향을 주는 가정적 요인으로 결혼 만족도, 이혼에 대한 태도, 결혼 관계(Marital Interaction), 사회경제적 상태, 아내의 직업 여부 등을 제시했다. Amato와 Rogers(1997)는 1980년부터 1992년 사이의 종단 연구에서 이혼에 이르는 주관적 결혼 문제로 분노, 상처받은 느낌, 질투, 지배, 비난, 변덕스러움, 대화 부재, 부정 행위, 나쁜 습관, 집에 없음, 돈 낭비, 물질 남용 등을 개인적 이혼 사유로 제시했다.

우리 사회에서는 지난 30여 년간 「이혼 증가 요인」에 변화가 있는 동시에, 부부들에서 이혼을 망설이게 하는 이혼의 억제 요인에도 변화가 있었다. 엄신자(1988)의 연구에서는 이혼 원인을 가지고 있으면서도 혼인 생활을 지속시킬 수 있었던 사유로 '이미 혼인하였다는 사실'과, '자녀 때문에'로 나타났다.

곽배희(1994)의 이혼의 원인 및 과정에 관한 사례 연구에서는 이혼을 지연 내지 억제시키는 요인이 자녀 문제, '여자는 이혼하면 안 된다'는 전통적 사고 방식, 이혼 후의 정신적, 경제적 측면에서의 불안과 두려움, 친정 부모의 영향 내지는 만류, 남편의 변화에 대한 기대, 이혼녀라는 사회적 낙인, 남편에 대한 사랑, 남편의 사과와 반성, 내

선택에 대한 책임감, 남편의 이혼에 대한 불응, 자존심, 결혼 시 약속, 직장문제, 종교문제, 재혼이기 때문에, 남편 잘못에 대한 입증방법이 없어서 등의 순으로 나타났다.

김병찬(2000)의 연구에서는 기존 연구에서 제시된 이혼의 억제 요인 중 재판이혼에서 볼 수 있었던 위자료에 대한 부담은 이혼에 전혀 영향을 미치지 않은 것으로 나타났고, 자녀양육과 부정적인 사회적 인식은 억제 요인으로 미력하게 작용하였다. 특히 사회적 인식 때문에 이혼을 주저하는 사람들의 경우 이성 관계로 인한 사유가 성격차이와 경제문제에 의한 이유보다 더 많은 영향을 받은 것으로 보인다. 이와 같이 이혼의 억제요인이 약화(부모 영향력의 축소, 결혼 생활 의무감의 저하, 위자료 부담의 비고려 등)되는 것으로 보아 기존의 가족 개념인 보수적, 안정적, 체제 유지적인 가족의 고유 특성은 거센 도전을 받고 있다고 보인다.

2. 이혼 과정

이혼은 일회적 사건이 아니라 결혼 전부터 시작되어 결혼 생활 전반에 걸쳐 일어나는 일련의 과정으로, 많은 경우 이혼의 전 단계로 별거가 존재하고 이혼에 대한 감정적 반응은 이혼이 확정되기 이미 오래 전에 시작되며(Levinger, 1966), 심리적으로는 일련의 사건들의 고리(Wallerstein & Blakelee, 1989)로 구성된다.

이혼 과정이란 용어는 협의의 개념으로는 부부 간에 이혼 문제가 제기되고 상호 합의나 재판으로 결혼을 끝내게 되는 절차와 과정을 말한다. 광의의 개념으로는 결혼 관계에서 이혼 의도 요인의 발생에서부터 이혼 후 독립된 생활을 재형성하게 되는 일련의 과정이라 할 수 있다(김수정·권신영, 2001).

Ponzetti과 Cate(1987)는 이혼의 과정을 이혼의 인식이 진행되는 과정에 따라 이혼에 대한 인식, 부부 간의 토의, 이혼을 향한 행동, 이혼 등의 네 단계로 구분하였다. 인식 단계는 양 배우자 중 한 사람이 중요한 문제, 불만족, 불일치 등을 의미 있게 인식하고 결혼의 안정성에 의문을 제기하는 시기이다. 토의 단계는 재화합 혹은 결혼 관계를 유지시키려는 시도가 깨지면서 배우자에 대한 불만족을 말로 표현하는 단계로서, 배우자에 대한 정서나 친밀성이 쇠퇴하였음을 나타내는 시기이다. 행동 단계는 법체계와 공동체를 포함시키는 단계로서, 배우자 간의 정서적 긴장이 증대되는 시기이다. 끝으로 이혼 단계는 이혼을 받아들임과 동시에 이혼이 본격적으로 시작되는 단계로서 배우자 간의 정서적 적응과 의미 있는 관계를 수립하기가 가장 어려운 시기(성정현, 1998, 재인용)라고 보았다.

Kessler(1975)는 이혼의 심리적 과정에는 각성, 침식, 이탈, 물리적 별거, 애도, 두 번째 청소년기, 탐색과 힘든 작업이라는 7가지 정서적 단계로 구분되며, 이러한 정서는 순서를 달리하여 경험될 수 있으며 이 과정의 시작과 끝은 불명확하고 이러한 경험의 기간은 사람의 심리적 구성에 따라 다르다고 하였다(최정숙, 2004, 재인용).

Kressel과 Deutsch(1977)는 이혼 전, 이혼 과정, 이혼 후의 세 단계로 나누었다. 이혼 전 단계는 결혼 만족도와 친밀감이 감소하고 화해를 시도하기보다는 회피하거나 공격하며, 결혼 결속력이 파괴되는 시기이다. 이혼 과정은 이혼을 결심하지만 동시에 헤어짐에 대한 불안과 고통을 경험하며 의존적인 집착 때문에 친밀감이 다시 증가하기도 하나 이혼은 피할 수 없는 것이라는 것을 깨닫게 되는 시기이다. 이혼 후 과정에서는 애도 과정과 평정 과정을 거치게 된다고 하였다(최정숙, 2004, 재인용).

Balswick(1995)은 이혼 과정을 4단계로 구분하였다. 별거 이전의 기간에는 감정적 이혼이 이루어지고 사랑이 식어가는 단계이다. 이 단계에서는 부정, 분노, 환멸, 분리 결심, 협상이 포함된다. 실제적인 별거시점에서는 협상, 좌절, 분노, 동요, 죄책감, 후회를 경험하며, 별거와 법적인 이혼 사이의 기간에는 법적 문제들, 재산 분배, 애도, 자녀 양육문제의 결정, 생활방식에 대한 새로운 방향 설정, 자신의 정체성과 감정적 기능 발휘에 대한 초점 맞추기 등이 포함된다. 마지막 적응기간에는 새로운 활동과 목표가 포함된다. 이 단계에서는 새롭게 데이트를 시작하는 두 번째 청소년기가 있을 수도 있고 또한 사람들이 안정감과 자율성을 획득하기 위해 자신들의 삶을 재구성하는 개인적 회복기라고 하였다(최정숙, 2004, 재인용).

Ahrons(1994)은 이혼 과정을 가족 과정으로 설명하였는데 개인적인 인식단계, 가족의 메타인식 단계, 별거, 가족의 재구성, 가족의 재정의 등의 5단계로 구분하고 있다. Brown은 이혼이 의사 결정과 재구조화라는 두 가지 단계를 가진다고 가정하였다. 의사 결정 단계는 부부가 이혼의 가능성을 고려할 때 개시되고, 결정 후의 시작은 별거로 이루어진다. 일단 별거하면 재구조화가 시작되는데, 재구조화 과정의 요소들은 5가지 하위과정들을 포함한다. 과정의 최종 산물은 이혼한 개인들의 독립적이고 자율적인 생활 양식의 확립((Mcphee, 1984, 재인용)이라고 하였다.

Wallerstein과 Blakeslee(1989)는 이혼의 정서적 과정(emotional process)이 세 가지의 넓은 중첩적인 단계로 일어나 타협하는 데까지는 수년이 걸린다고 하였다. 첫 번째 단계인 민감한 단계(acute stage)는 실패한 결혼 생활 내에서 불행이 상승함으로써 시작되고, 이혼 결정과 한 부모가 떠남으로 정점에 이르게 된다. 두 번째 전이 단계(transitional stage)로 진행되어 간다. 세 번째 단계는 새로워진 안정감(a renewed sense of stability)으로 나타난다고 하였다.

Wiseman(1975)이 제시한 이혼 과정의 첫 단계에서는 정서적 이혼 동안 부인(Denial)하는 마음이 일어난다. 이혼한 개인들은 관계성의 붕괴에 대한 표시들을 인정하려 들지 않는다. 다음 단계에서는 적어도 한 사람이 무엇인가 잘못되어간다고 깨달았으면서 상실과 우울의 감정이 생겨난다. 세 번째는 재산, 자녀 양육권, 방문권 등을 시비하는 과정에서 '화'와 양가감정(ambivalence)이 나타난다. 네 번째 생활양식과 정체감의 재교육은 습관의 변화와 활동력의 재지도를 포함한다. 마지막으로 수용과 통합이 일어난다.

3. 근거이론방법

근거이론방법은 일련의 연구과정을 통하여 체계적으로 수집되고 분석된 자료에 근거해서 이론을 개발해 나가는 질적 연구방법이다 (Denzin & Lincoln, 1994; Glaser & Strauss, 1967). 근거이론방법의 목적은 연구하고자 하는 영역에서 보이는 행위의 다양성을 설명하고 해석할 수 있는 개념들을 발견하고 이들 개념 간의 관계를 만들어 내는 것이다. 근거이론을 통하여 연구자는 대상자들의 주요 문제를 찾아내고 또한 이들이 지속적으로 문제를 해결해나가는 기본적인 사회화 과정을 발견할 수 있다(Glaser, 1978).

근거이론방법의 의미는 면담, 관찰, 기록물, 필름 등의 실제 자료에 근거하여 개념을 도출하고 이를 이론적으로 설명하게 된다. 이러한 방법을 통해 만들어진 이론은 연구자의 사고에만 의존해서 생성된 이론이나 혹은 대중의 경험에 근거한 일련의 개념을 조합함으로써 만들어 낸 이론이 아닌 실재를 그대로 반영하는 특성을 가지고 있다.

근거이론방법은 과학적이면서 동시에 예술적 특성을 가지고 있다. 즉 연구과정에서 '훌륭한' 과학으로 평가받기 위한 심사기준-중요성, 이론과 관찰의 상호성, 보편성, 재생산성, 정밀성, 엄격성, 정상성-을 만족시킬 노력을 주의 깊게 수행하여 과학적 특성을 만족시키고 있다.

창의성은 근거이론방법의 매우 중요한 요소이다. 연구자가 가정을 넘어서 기존의 것으로부터 새로운 것을 만들어 내게 된다. 새로운 범주를 명명하고, 질문을 제기하며, 자료의 비교를 통해 새로운 발견으로 직결되는 과정에 있어 필요한 자유연상 작용을 가능하게 하고 이성을 자유롭게 활동하도록 하는 창의성을 필요로 한다. 또한 전체 연구 과정을 통해 창의적으로 도달하게 된 범주와 관계 진술을 정당화시켜야한다(Strauss & Corbin, 1990). 이러한 창의적 과정은 예술로서의 특성을 가지고 있다.

방법론으로서의 근거이론은 사회학자인 Glaser와 Strauss(1967)에 의해 발전되었다. Strauss는 당시의 상징적 상호작용주의자와 실용주의자, 즉 파크(R. E. park), 토마스(W. I. Thomas), 듀이(J. Dewey), 미드(G.

H. Mead), 휴즈(E. Hughes), 그리고 블루머(H. Blumer) 등의 영향을 받음으로써 근거이론의 철학적 배경의 형성에 공헌하였다. 한편 Glaser는 양적 연구방법의 창시자로 알려진 라자스휄드(P. Lazarsfeld)의 영향을 받았는데, 후에 질적 연구를 하면서 연구 과정을 통해 생겨난 가설들을 검증하기 위해 치밀하게 고안되고 분명하게 공식화할 수 있는 일련의 체계적 과정의 필요성을 인식하고 근거이론방법론의 발달에 기여하였다. 이 방법론은 이들의 저서인 'The Discovery of Grounded Theory'가 발간됨으로써 여러 학문에서의 적용이 보편화되기 시작했다(김춘미, 2001).

근거이론방법의 철학적 배경은 1930년대 Cooly, Dewey, Mead 등의 실용주의 철학자에 의해 주창되었다. Blumer에 의해 구체화되었고 Mead의 이론을 사회연구방법론에 적용시키기 위해 상징적 상호작용론을 바탕으로 하게 되었다. Mead의 상징적 상호작용이론의 기본 분석은 사회는 자아를 가진 개인들로 구성되고 개인들의 행위는 사회 맥락 속에 대상의 의미를 통해 행동을 성찰적으로 제시하는 과정을 통해 구성된다고 하면서(손창권·이성식·전신현, 1994), 상징적 상호작용의 세 가지 기본 가정을 제시하였다.

기본 가정은 첫째, 사람들은 사물의 의미에 기초하여 행동을 하며, 둘째, 사물이 갖고 있는 의미는 사회적 과정을 통해서 형성되고, 변형되고 유지되며, 셋째, 사람들은 해석 과정을 통해서 의미를 처리하고 변형한다는 것이다(박영신 역, 1990).

Blumer에 의하면 사회 조직은 상황을 만들고 상황을 해석하는데 사용되는 상징을 제공한다. 안정적인 사회에서는 사회 조직의 영향이 큰 반면, 이전의 행동기준이 없이 여러 행동이 교차하는 상황의 근대 사회에서는 그 영향이 덜하다고 한다. 사회행동을 역할, 기대, 규칙, 태도 등에 연결하는 것은 인간이 규정하고 해석하고 지시하는 창조 인이라는 주장과는 불일치한 것이며 그렇다면 자아를 가진 인간이 그들의 세상을 조정하고 행위를 구축할 여지가 없게 된다고 하였다 (손창권·이성식·전신현, 1994).

상징적 상호작용론의 접근방법은 인간사회란 사람들이 삶에 참여 하는 것이라고 본다. 인간은 다른 사람의 영향에 단순히 반응하는 수 동적 존재가 아니라, 상호작용 속에서 다른 사람의 영향을 해석하고, 정의하고, 의미를 부여하는 능동적 존재이며 인간이 부딪치는 각양각 색의 상황에서 행동 노선을 발전시키고 있는 계속 진행되는 활동의 과정이다. 인간은 자신의 내면적 해석에 따라 행동하는 것을 강조한 다. 즉 인간은 다른 사람의 행동을 해석할 뿐만 아니라 그 해석을 행 위의 기초로 사용한다. 그리하여 이러한 상호작용 과정은 타인의 강 요나 요구를 해석하고 또 타인에게 무엇을 하라고 지시를 내리기도 한다.

상징적 상호작용이론에 있어서 자아개념(self-concept)은 가장 중요 하게 다루어지는 개념이며, 이러한 자아개념은 사회에 의하여 그리고 다른 사람과의 상호작용, 특히 그들과의 역할 담당 과정에 의해 형성 되며, 이는 개인의 행위를 결정하는 중요한 요인이라고 할 수 있다. 특히 상징적 상호작용이론의 '자아의 반사된 평가(self appraisal of self)' 라는 개념은 자아개념을 형성하는데 있어서 준거 집단 혹은 중요한 타자들의 중요성을 강조하는 개념이다. '자아의 반사된 평가'란 다른 사람의 관점에서 자기 자신을 대상으로 하여 바라보는 자아개념을 말하는데, 다른 사람이 나를 어떻게 생각하느냐에 대한 자기 자신의 평가를 의미한다(손창권·이성식·전신현, 1994).

　이러한 철학적 배경을 근간으로 하는 근거이론방법론은 인간행위의 상호작용의 본질을 파악하고 개념화하는 것에 주안점을 두고 있다(Chenitz & Swanson, 1986). 따라서 인간행위의 실제적 영역으로부터 자료를 수집하여 근거이론을 형성하는 것은 근거이론방법론에서 가장 중요하게 고려되는 점이다.

　요약하면 근거이론방법론의 과정은 경험적 세계를 바탕으로 하여 이론을 형성하는 귀납적 방법론의 적용으로 방법론적 가치의 유용성을 확보할 수 있다고 생각한다. 또한 이러한 근거이론방법은 결혼 갈등이나 이혼의 위기에 있는 여성의 경험, 즉 여성을 둘러싸고 있는 가족 구성원과 사회 구조와의 관계, 또 그 가족과 사회가 갖고 있는 문화적 가치관과의 관계 속에서 다각적으로 이루어지는 상호작용으로서의 대처와 이혼 결정 경험을 심도 있게 이해하고 분석할 수 있는 유용한 연구방법으로 보인다.

제3장

이혼 결정 과정의
연구 방법

1. 자료 수집

1) 연구 참여자

(1) 참여자의 선정 기준

근거이론방법에서의 표본 추출의 대상은 사람이 아니라 사건으로, 이론적 표집(Theoretical Sampling)을 하기 위해서는 계속적인 비교분석이 필요하다. 즉 한 참여자를 면담한 후 자료를 분석하고 이를 토대로 다음 참여자 선정기준을 정하게 된다.

본 연구는 이혼한 후 재혼하지 않은 이혼여성 9명을 대상으로 하였다. 이들은 주로 연구자의 주변에 있는 친지가 소개한 여성들이었으며, 한 참여자가 다른 참여자를 소개해 주기도 하였다. 연구 주제가 접근하기 어려운 주제인 만큼 때로는 소개받은 사람 중에 면담을 거절하는 경우도 있었다. 이런 어려움에도 불구하고 연구의 타당도를 높이기 위해 참여자의 학력, 나이, 사회경제적 상태 등의 다양한 특성을 고려하여 목적적 표집(Purposeful Sampling)을 하였다.

참여자 중 1명은 이혼 소송 중인 상태에서 면담을 시작하였으나 자료 분석이 끝나는 시점까지 이혼 소송이 종료되지 않아 자료에서 제외시켰다.

본 연구에서는 참여자들에 대한 윤리적인 고려를 위해 연구의 목적, 익명성과 비밀이 보장된다는 것, 면담내용을 녹음한다는 것, 면담내용은 연구 목적으로만 사용된다는 것, 면담 도중 중지하고 싶을 때는 언제라도 끝낼 수 있다는 것 등에 대해 설명한 후 연구자의 제의에 동의한 경우에 면담을 하였다. 또한 대화가 가능하고 자신의 감정과 경험을 잘 표현하는 사람을 대상자로 선택하였으며, 이혼 결정 과정에 대한 회상의 오류를 최소화하기 위해 재혼하지 않은 여성으로 국한하였고, 이혼하기까지의 과정을 알아보기 위한 연구이므로 이혼후 경과기간에는 제한을 두지 않았다.

본 연구에 참여한 연구 대상자들에게는 책이나 도서상품권과 같은 소정의 사례로 답례하였으며, 이혼 결정 과정에 대한 면담 후에는 참여자들의 요청에 따라 자녀교육에 대한 교육적 상담을 제공하였다. 대부분의 참여자들이 이혼 후의 적응과 자녀 양육과 관련되는 어려움을 호소하였으며 이후 언제라도 연구자에게 상담을 요청하면 필요한 도움을 제공할 것을 약속하였다.

(2) 연구 참여자의 일반적 특성

본 연구에 참여한 대상자는 총 8명이었다. 이들의 연령 분포는 34세에서 50세까지로 30대가 4명, 40대가 3명, 50대가 1명이었다. 교육 정도는 고졸이 3명, 전문대졸이 2명, 대졸이 1명, 대학원졸이 1명, 대학원 수료가 1명이었다. 이혼 당시 참여자의 직업은 전업주부가 2명, 남편과 자영업을 경영한 경우가 1명, 문화 관련 직업 종사자가 2명, 교육 관련 종사자가 2명, 사무직이 1명이었다.

2) 자료 수집 절차

자료는 2003년 12월부터 2004년 10월에 걸쳐 여성의 이혼 결정 경험에 대한 솔직한 진술을 얻기 위해 개별적으로 심층면담을 통해 수집하였다. 면담 시간과 장소는 참여자의 편리를 고려하여 참여자가 정하도록 하였고 면담 장소는 참여자의 선택에 따라 참여자의 집, 연구자의 집, 레스토랑, 학교 연구실에서 실시하였다. 면담 횟수는 적게는 1회에서 많게는 3회까지 실시하였으며, 1회 면담소요시간은 짧게는 3시간, 길게는 5시간이 소요되었다. 본 연구를 위한 주요 면담질문은 개방형 질문으로 "결혼하게 된 동기와 배경으로부터 시작하여 이혼하기까지의 결혼 생활에 대해 말씀해주십시오"였다. 녹음한 면담 내용은 연구보조원이 필사 관례에 따라 녹음 내용을 그대로 필사하였으며, 이후 연구자가 잘못 표기되거나 누락된 자료를 수정보완하기 위해 연구자가 다시 녹음자료를 반복하여 들으면서 필사한 자료와 원자료를 비교 검토하는 과정을 거쳤다. 필사한 자료를 분석한 내용에 근거하여 다음 면담 시에 질문 내용을 추가하였으며, 5명의 참여자와는 2차 면담을 실시하여 1차 면담 시의 자료 중에서 의미가 모호하거나 불확실한 표현 등을 확인받았고 충분하지 않은 부분은 보완하였다.

면담하면서 특이하게 관찰되었던 내용은 연구자가 메모하여 자료 분석 시 보조 자료로 이용하였으며, 면담을 끝낸 후 참여자들의 요구에 따라 제공된 이혼 후 자녀교육 등의 내용들은 연구 자료로 사용되지 않았다.

연구자의 이론적 민감성을 높이기 위해 2차 자료를 이용하였는데 이혼 관련 서적, 신문, TV 프로그램을 이용하였으며, 결혼 생활을 유지하고 있는 주변 여성들과의 대화를 통해 결혼과 이혼에 관계된 많은 대화를 나누었다. 이러한 2차 자료는 연구에 직접 이용하지는 않았으며, 연구자가 가질 수 있는 편견을 최대한 줄이기 위한 자료로 활용하였다.

2. 자료 분석

1) 자료 분석 방법

실제적인 이론 개발을 목표로 하는 근거이론방법에서는 자료의 수집과 분석이 동시에 이루어지며 또한 반복되는 특성을 가지고 있다. 본 연구의 자료 분석은 Strauss & Corbin(1990)이 제시한 근거이론방법을 이용하여 이루어졌다.

근거이론방법을 이용한 자료 분석에는 코딩(Coding)이라는 과정이 있으며, 본 연구에서도 다음과 같이 개방코딩(open coding), 축코딩(axial coding), 선택코딩(selective coding), 도형의 단계를 거쳤다.

개방코딩은 자료를 세밀히 검사하여 현상에 이름을 붙이고 범주화하는 일종의 분석 작업으로, '계속적인 비교 분석 방법(constant comparative method of analysis)'으로 불리는 비교법과 질문법이 코딩 과정에 기본 절차로 사용된다. 비교법과 질문법의 두 절차는 자료에 대해 질문하기, 각 사건, 결과, 현상에 따른 실례들 사이의 유사점과 차이점 비교하기 등의 작업을 통해 근거이론의 개념에 정확성과 특수성을 부여해 준다 (Strauss & Corbin, 1990). 이러한 과정을 통하여 자료에서 개념들을 추출하고 유사한 내용끼리 묶어서 범주를 도출해 낸다.

축코딩은 자료들이 연결되도록 조직하고 분류할 수 있는 틀인 패러다임모형을 이용하여 선택코딩에서 도출된 범주들끼리의 관련성을 찾아내는 원인적 요인(causal condition), 현상(phenomenon), 맥락(context), 매개요인(intervening condition), 작용/상호작용전략(action/interaction strategies), 그리고 결과(consequence)로 설명하는 단계이다(Strauss & Corbin, 1990).

현상은 어떤 작용/상호작용에 의해 조절되거나 다루어지는 중심적인 아이디어나 사건 등이다. 원인적 상황은 어떤 현상이 일어나게 된 원인이나 조건을 설명해 주는 것으로, 우연한 사건도 포함될 수 있다. 맥락은 어떤 현상에 속하는 특정한 속성들을 의미하는 것으로, 차원의 범위에서 어떤 현상에 속하는 사건들의 위치이다. 매개요인은 작용/상호작용 전략에 영향을 미치는 광범위하고 일반적인 것으로, 다시 말해 현상에 대한 원인적 상황의 영향을 완화시키거나 변형시키는 요인을 말한다. 맥락과 매개요인은 작용/상호작용 전략을 다루고 조절하며 수행하는데 고려된다. 작용/상호작용 전략은 특정하게 인지된 상황들 아래서 현상을 다루고 조절하고 수행하고 이에 대처하도록 고안된 전략들이다. 결과는 현상을 다루기 위하여 취해진 작용/상호작용의 결과로 무엇이 발생되었는가의 의미이다(Strauss & Corbin, 1990).

선택코딩은 범주들을 정련하고 통합하는 과정으로 많은 범주들 사이에서 연구하는 현상을 가장 잘 대표할 수 있는 핵심 범주를 찾아낸 후 이론적 틀을 발전시키는 과정이다. 핵심 범주는 연구의 주요 주제를 나타내며 다른 주요 범주들이 이것과 연관될 수 있어야 한다.

코딩 외에 근거이론방법에서는 연구자의 개인적 자질과 관계된 이론적 민감성(theoretical sensitivity), 자료 분석 시에 범주에 더 이상 새로운 것이 발견되지 않을 때까지의 상태를 말하는 이론적 포화(theoretical saturation), 발전되어 가는 이론과 관련이 있다고 확인된 개념들을 토대로 하는 표본 추출로 이를 통하여 분석이 실제 자료에 적합한가를 검증하게 되는 이론적 표집(theoretical sampling)이 많이 사용된다(Strauss & Corbin, 1990).

이외에도 자료 분석에 대한 추상적 사고를 쉽게 하기 위해 메모와 도형을 이용한다. 메모는 자료에 대한 추상적 사고를 기록한 것으로 연구자의 이론적 민감성을 높이고 자료를 수집하고 분석하는 과정에서 연구자의 생각과 사고를 정리하는데 도움이 된다. 도형은 개념 간의 관계를 시각적으로 표시한 것으로, 이론의 틀을 형성하는데 중요한 역할을 한다(Strauss & Corbin, 1990).

2) 자료 분석 절차

Strauss & Corbin(1990)이 제시한 근거이론방법을 이용한 본 연구의 분석 절차는 다음과 같다.

첫째, 대상자와의 면담 내용을 매 면담 후 전체 필사하고 매 줄마다 분석하여 그 현상에 대한 개념의 명명화와 임시적 범주 형성 단계를 거쳤으며, 그때 나타난 개념과 범주를 고려하여 다음 면담 시의 질문내용을 구성하였다. 또한 경험에 대한 의미의 왜곡을 피하기 위해 가능한 한 대상자의 언어를 그대로 사용하였다.

둘째, 계속적인 면담을 통해 개념들을 묶어 보다 높은 추상화 수준인 하위 범주로 축소화하는 작업을 지속하였으며, 임시적인 패러다임 모형을 형성하면서 이론적 포화 상태에 이를 때까지 면담을 진행하였다.

셋째, 형성된 범주를 한 단계 더 추상화하여 상위 범주들을 찾아내고 이들을 패러다임 모형을 이용하여 원인적 요인, 맥락, 현상, 매개요인, 작용/상호작용 전략 및 결과로 분류하였다.

넷째, 상기 과정에서 모든 다른 범주들이 연결되어질 수 있는 중심적인 현상인 핵심 범주를 찾아내고 각 범주들과 어떤 관계를 형성하는가를 분석하였다.

다섯째, 이상의 범주들을 통해 여성의 이혼 결정 과정에 대한 도형과 유형을 제시하였다.

연구가 진행되는 과정에서 일차 결과가 도출되었을 때 3명의 참여자에게 연구자가 도출한 결정 과정의 단계와 특징이 본인들의 경험을 잘 나타내고 있는지 검증받았다. 또한 최종 결과가 나올 때까지 근거이론연구의 경험이 있는 3명의 간호학과 교수들과 지속적으로 논의하는 절차를 가졌고, 연구 도형에 대해서는 2명의 참여자에게 한 번 더 검증을 받았다.

3. 연구의 엄밀성 확보를 위한 고려

질적 연구의 평가는 양적 연구의 평가와 다르다. 여러 학자들이 다양하게 질적 연구를 평가하는 준거를 마련하였다. 본 연구는 Sandelowski (1986)가 제시한 기준에 따라 다음과 같이 진행하여 연구의 엄밀성을 확보하고자 하였다.

신빙성(credibility)은 참여자가 현상을 얼마나 생생하고 충실하게 서술하였고 해석하였는가를 의미하는 것이다. 본 연구에서는 자료의 신빙성을 높이기 위해 이혼에 대해 연구자가 가지고 있는 편견과 고정관념을 최소화하려고 노력(bracketing)하였다. 또한 참여자의 이야기를 경청하고 한 걸음 물러서서 상황을 비판적으로 분석하려고 노력(phenomenological reduction)하였으며 면담 시 개방적이고 반구조적인 질문을 사용하고 참여자의 모든 진술 내용을 녹음하고 관찰된 내용을 메모로 남겼다. 분석 과정에서는 면담 자료를 계속적으로 비교분석하였으며 이혼관련 서적, 신문, TV 프로그램 등의 2차 자료를 이용한 비교 분석도 실시하였다.

적합성(fittingness)은 연구 결과가 유사한 다른 상황에서도 적합한지를 평가하는 것이다. 본 연구에서는 적합성을 확립하기 위해서 다양한 배경의 참여자가 포함될 수 있도록 이론적 표집을 하였고 참여자의 진술에서 더 이상 새로운 자료가 나오지 않는 포화 상태가 될 때까지 자료를 수집하였다.

감사가능성(auditability)이란 연구자가 진행한 방법을 다른 연구자가 그대로 따라갈 수 있으면 확립된다. 본 연구에서는 감사가능성을 확립하기 위하여 자료를 분석할 때 Strauss와 Corbin(1990)이 제시한 근거이론방법의 절차를 따랐다. 연구 참여자의 경험은 참여자가 표현한 대로 정리하였고 그 내용을 참여자들로부터 확인받았다. 이외에도 질적 연구의 경험이 많은 3명의 간호학과 교수들과 자료 분석에 관하여 지속적으로 논의하는 절차를 가졌으며 도출된 연구 도형에 대해서는 2명의 참여자에게 한 번 더 검증을 받았다.

확인가능성(conformability)은 신빙성, 적합성, 감사가능성이 확립되었을 때 획득되는 것으로, 본 연구에서도 연구의 엄밀성 확보를 위한 세 가지 기준이 충족되었으므로 확인가능성도 확립되었다고 본다.

제4장

이혼은 이렇게
결정되었다

본 장에서는 참여자들로부터 수집된 자료를 분석한 결과 확인된 여성의 이혼 결정 과정과 이혼 결정 유형을 제시하였다.

1. 여성의 이혼 결정 과정

본 연구에서 8명의 참여자들로부터 수집한 자료를 분석한 결과 이혼 결정 경험의 핵심 범주는 '강요된 자기 버리고 진정한 자기 찾기'였다.

'강요된 자기 버리고 진정한 자기 찾기'란 여성들이 결혼 후 부여되는 온갖 역할에 짓눌려 존재 없음의 상태가 되었다가 자기 없음의 상태를 자각하면서 이혼을 통해 강요된 자기를 버리고 진정한 자기를 찾는 것을 의미한다.

참여자들은 결혼 생활의 어려움으로 실망과 좌절이 반복되면서 극한의 절망상태인 밑바닥에 내쳐지는데, 그때를 전환점으로 하여 극한의 절망이 원동력이 되어 밑바닥을 치고 오르게 된다.

즉 새가 알을 깨고 나오듯 진정한 자기를 뒤덮고 있던 강요된 자기를 벗어 던지고 진정한 자기를 회복하는 것이 이혼이다. 이혼을 통해 찾은 진정한 자기는 예전의 자기와 같을 수도 있고, 때로는 전보다 더 확대된 자기이기도 하다.

이혼을 결정하게 되는 과정은 크게 두 시기로 나누어진다, 어떻게 해서든지 결혼 생활을 유지하려는 결혼 전기와 이혼을 더 이상 피할 수 없다고 느껴 결혼 생활을 포기하게 되는 결혼 후기로 구분할 수 있다(그림 1).

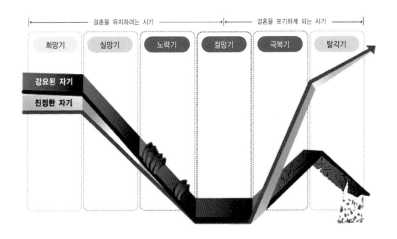

〈그림 1〉 핵심 범주: 강요된 자기 버리고 진정한 자기 찾기

여성들이 이혼을 결정하게 되는 과정은 구체적으로 '희망기: 기대 갖고 출발하기', '실망기: 어려움에 부닥치기', '노력기: 안간힘쓰고 버티기', '절망기: 밑바닥까지 내쳐지기', '극복기: 밑바닥 치고 오르기', '탈각기: 박차고 나오기'의 여섯 단계를 거치는 것으로 나타났다.

이러한 이혼 결정 과정에는 원인적 요인인 '결혼의 위험 요인', 맥락적 요인인 '결혼 생활의 어려움', 매개 요인인 '이혼 주저 요인'과 '이혼 촉진 요인' 등이 영향을 미치고 있음을 발견할 수 있었다(그림 2).

여기서는 이혼 결정 과정을 그 시기적인 순서를 고려하여 1) 원인적 요인: 결혼의 위험 요인, 2) 결혼 전기, 3) 맥락적 요인: 결혼 생활의 어려움, 4) 결혼 후기, 5) 매개요인: 이혼 주저 요인과 이혼 촉진 요인 순으로 서술하고자 한다. 이러한 서술은 이혼을 결정하는 과정에서 나타나는 각 단계의 차이와 변화를 비교하기 용이하게 하며, 시기에 따라 영향을 미치는 요인들과의 상호작용을 확인할 수 있도록 해줄 것이다.

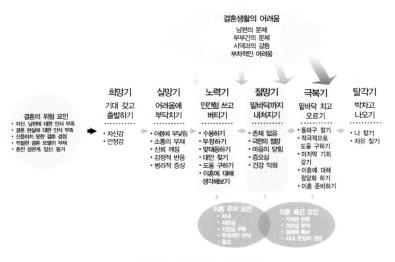

〈그림 2〉 이혼 결정 과정 모형

1) 원인적 요인: 결혼의 위험 요인

이 연구에서 확인된 결혼의 위험 요인은 이혼을 결정하게 하는 원인적인 조건으로 이혼 결정 과정에 영향을 주는 것으로 나타났다. 분석 결과 나타난 결혼의 위험 요인들은 '자신이나 남편에 대한 인식 부족', '결혼 현실에 대한 인식 부족', '신중하지 못한 결혼 결정', '적절한 결혼 모델의 부재', '혼전 성관계·임신·동거' 등이 있었다. 물론 이러한 요인들이 반드시 이혼을 유발시키는 선행조건은 아니지만, 결혼 생활의 어려움을 가중시키는 위험 요인으로 작용하였으며, 실제로 모든 참여자들은 돌이켜보며 결혼 생활의 어려움을 일으킬 수 있는 요인들을 가진 채 결혼하였음을 인정하였다.

(1) 자신이나 남편에 대한 인식 부족

한 참여자는 결혼 전 자신에 대한 인식이 부족했다는 점을 진술하였는데, 결혼 전에는 자신이 중요하게 여기는 것이 무엇인지 잘 몰랐으나 결혼하고 나서야 자신이 일을 중요하게 여긴다는 사실을 깨닫게 되었다며 매우 아쉬워하였다.

또한 참여자들은 남편의 성격이나 가치관, 태도를 잘 모르고 결혼하게 된 점에 대해서도 얘기하였는데, 인생을 함께 살아갈 배우자에 대해서 잘 모르는 채 또는 피상적으로만 아는 상태에서 결혼하고 보니 자신이 알고 있던 남편과 달랐고 그것이 남편과의 갈등을 가져오는 하나의 요인으로 작용하였다고 진술하였다.

> 그리고 어쨌든 그 사람도 학교 다닐 때 (사회)운동을 했었고 그런데서 우

선은 이상이 맞는다 라고… 그게 참 컸겠죠… 그게 컸죠… 뭔가 뜻을 같이
할 수 있다, 그러면 그게 맞는다면 기타 여러 가지 문제들은 같이 고민하면
서 해결할 수 있지 않겠느냐, 그땐 생각했는데 그게 아니었던 거지,
순순하게 받아들이고 정말 큭 천진하다, 사람 참… 왜 그게 살면서는 찝찝
한 거죠, 하나하나 다 설명을 해 줘야 되니까, 역지사지를 못하는 거지, 그
리고 말로는 여성해방에 뭘~ 다하면서는 실제로는 완전히 하나도 몰라, 그
실상에 대해서는 잘 알지도 못할뿐더러… 문제가 생겼을 때 대처할 줄을
몰라, 그냥 현상유지 그렇게 생각하고…
그죠, 상대를 몰랐고…

(2) 결혼 현실에 대한 인식 부족

참여자 중에는 결혼하면 모든 문제가 해결될 거라고 믿는, 즉 '결
혼에 대한 환상'을 갖고 결혼한 경우, 자신이 자라온 친정 문화와 엄
청나게 다른 시댁의 문화에 대해 잘 모르고 결혼한 경우, 결혼 후에
부여되는 남편과 아내의 역할에 대해 생각해 보지 않고 결혼한 경우
등이 있었다.

① 결혼에 대한 환상

본 연구의 참여자들은 결혼을 하면 본인이 바라던 것을 이룰 수 있
다는 환상을 가지고 있었고, 이러한 환상은 결혼하면서 실망으로 이
어지고 결혼 생활의 어려움이 될 위험 요소로 작용하였다.

결혼해야겠다는 거는 어려서부터 이제 나는 이집에서 벗어나서… 신데렐라
콤플렉스겠지? 나가서 결혼만 하면 이제 이집을 떠날 수 있다, 이 답답한
환경에서 벗어날 수 있다, 생각을 해서 정말 좋은 결혼을 해서 결혼… 남
자? 이제 만나면 모든 게 다 해결될 거라고 생각을 했지,

② 부부 역할에 대한 인식 부족

참여자들은 결혼 후 자신에게 주어질 역할에 대해 모르거나 혹은

알더라도 피상적으로 알고 있는 상태에서 결혼하였다. 따라서 남성과 달리, 결혼과 함께 많은 변화를 겪게 되고 많은 역할을 감당해야 되는 참여자들은 힘들어 하였다.

> 저도 뭐랄까 정확한 어떤 정확한 그 인식이 모자랐던 거에요. 굉장히 이렇게 추상적으로 책에서만 보고 이런 거지… 실제 삶이 어떻다 하는 거를 그 당시에 지금처럼 정확하게 몰랐다라는 생각이 들어요. 그래서 결혼을 할 수 있었던 거 같애요(중략), 결혼의 현실의 견고함을 잘 몰랐던, 그니까 현실의 관습이었던 것이 얼마나 단단한 벽인지를 그냥 막연하게 이성적으로만 생각했지, 현실의 두께를 잘 몰랐던 거죠.

③ 시댁에 대해 잘 몰랐음

참여자들은 자신이 자라온 가정과 전혀 다른 시댁 문화를 잘 모르는 채 결혼하였고, 이것이 결혼 생활의 어려움으로 이어졌다.

> 어머님은 아주 독실한 크리스천이고 그래서 남편도 모태신앙인거고… 저는 그런 문화는 사실은 낯설었어요. 그러니까 기독교 그렇게 열심히 믿으시면서도 종손이기 때문에 그 제사를 다 지내요.

(3) 신중하지 못한 결혼 결정

① 성급하거나 감정에 치우친 결혼 결정

많은 참여자들이 결혼의 조건에 대해 꼼꼼히 따져보거나 신중하게 생각하지 않았음에 대하여 아쉬움을 표했다. 한 참여자는 모든 것을 다 봐야 한다는 친정엄마의 조언을 무시했으며, 조건을 따지는 것에 대해 오히려 죄책감까지 느꼈다고 했다.

또 한 참여자는 감정에 치우쳐 결혼을 결정했다면서 결혼에 관한 교육을 미리 받지 못했고, 미래에 대한 계획이 전혀 없었음을 아쉬워했다.

그러던 중에 저도 결정적으로 양치하던 중에 이사람 얼굴이 겹쳐지는 거에요, 제 얼굴에, 양치를 하는데, 아 이게 사랑인가보다, 나도 이사람 떠나선 못살겠나보다 싶어서 (결혼)결정을 하게 된 거고, 계기가 되서 상견례 들어간 거고 결혼을 하게 된 거였는데…
어떻게 살자 그런 게 없이 되게 급조되서 한 것 같은 느낌, 그걸 많이 후회해요, 결혼하기 전에 거의 밀리다시피 해서 결혼을 했던 거라서…
저 같은 경우는 그니깐 미래에 대한 구체적인 계획이 없었어요, 근데 다른건 몰라두 미리 뭐 쉽게 말해서 부부십계명이라든지 막 이런 것부터도 해서 그런 준비 그니깐 정신적인 준비 자체가 좀 많이 필요했었을 것 같은데…

다른 참여자는 많은 경우 이혼의 배경에는 '잘못된 결혼'이 있다면서, 자신의 경우에도 결혼 계획이 없었는데 여동생에게 결혼할 남자가 생기자 상대방이 마음에 들지도 않는 상태에서 선을 보고 두 달도 안 되어 결혼했다고 했다

그니까 제가 볼 때 이혼 뒤에는 반드시 거의 뭐 100프로 그렇지는 않지만, 많은 경우가 잘못된 결혼이 있다라는 거죠(중략),
아, 예 결혼 자체를 굉장히 서둘러서 한두 달도 안 걸려서 선보고, 두 달도 안 되서 결혼한 케이스거든요, 그래서 선을 보게 됐거든요, 선을 봤을 때 저는 마음에 들지 않았어요, 그랬는데 부모님들은 다 좋다고 그러셨어요,

한 참여자는 불안해서 혼인신고를 먼저 하자는 남자 친구의 제의에 별 생각 없이 혼인 신고부터 했다고 하며, 그러한 자신의 결혼 결정이 신중하지 않았다고 표현했다.

그러니까 이 남자가 나랑 결혼을 못하겠다 싶은 불안감이 생겼던 거에요, 그러니까 나보고 혼인신고 먼저 하자 그러더라구요, 그래서 결혼하기 전에 혼인신고를 먼저 했어요(웃음), 동거하기 전에 먼저 했나? 아무튼 그게 기억이 잘 안나요, 아무튼 모든 걸 다 그렇게 신중하게 생각하지 않았으니까, 그냥 뭐 누가 사람을 고르는데 그렇게 신중하게 한 게 아니잖아요?

② 탈출구로서의 결혼 선택

참여자들은 친정을 비롯하여 자기가 처한 환경으로부터 벗어나기 위해 결혼을 하나의 탈출구로 선택했다.

> 형부가 한 방에 살았었고… 언니한테는(울먹거린다.) 좀 설움을 받고 제 나름대로는… 그 사이에도(울먹…) 우여곡절이 많아요… (중략) 아무튼 300만 원을 모아가지고 그걸로 인제 언니네 집에서 이제 탈출을 했죠.

> 엄마하고 잘 안 맞았어요, 항상… 엄마하고… (중략)
> 엄마하고 사이가 항상 이렇게 안 좋았어요, 그래서 인제 좀 엄마한테서 벗어나고 싶은 마음도 있었구요, 사실은…

> 사실 그때는 저는 상태가 어땠냐면 아까 말씀 드렸지만 탈출구가 필요했어요, 집도 내 가족으로부터도… (중략)
> 싫지 않으면 결혼해서 사는 건가보다 막 사랑해서 사는 게 아니라 어 그냥 이런 정도 선에서 다 사는 건가 보다, 그리고 나는 지금 탈출구가 필요하고 나의 이 지긋지긋한 이 구질구질한 생활에 변화가 필요해, 그래서 인제 그때인제 처음에 그런 얘기를 했던 거 같아요, 그래서 난 드디어 탈출구를 찾았다라고 생각을 했어요.

③ 주위의 반대를 무시함

친정어머니가 계시지 않는 참여자, 그리고 여동생이 먼저 결혼할 형편이었던 참여자를 제외하면 결혼 결정 과정에서 대부분의 참여자들은 친정어머니나 주위 사람들의 반대를 경험했다. 그러나 참여자들은 자기만 잘하면 된다는 일종의 자신감이나 고집으로 주위 사람들의 반대를 무릅쓰고 결혼을 감행했다.

> 저희 집안에서도 굉장히 반대하셨어요. 왜냐하면 이~ 이 사람이 무녀독남 외아들이에요, 게다가 시어머니가 굉장히 늦게, 한~ 35살쯤 낳은 금지옥엽 같은 외아들이거든요, 그러니까 그 참 그 뭐랄까 불면 날아갈까 보면 꺼질까 거기다가 삼대 종손이에요… 종가집… 뭐 그러니까 우리 집안에는 특히 우리 어머니는 정말로 맹렬하게 반대하셨죠, 너 죽고 나 죽자 이러면서(웃음)

엄마, 아버지가 아무튼 반대했어요. 그때는 이유 같은 거 몰랐죠. 그때는 왜
마냥 좋으면 부모고 뭐고 그렇잖아요? 부모보다 잘 해줬는데(중략)
우리 친정 쪽에서 찬성한 사람이 한명도 없었어요.

④ 타인에 의해 의도된 결혼

참여자 중에는 남편이나 시댁의 계획적인 의도에 의해 결혼하게
된 경우가 있었다. 한 참여자의 경우 소개받은 후 6개월 동안 하루도
빠지지 않고 만나러 오고 각종 이벤트를 만들어 자신을 감동케 하는
남편과 잠자리를 갖게 되었다. 그 후 다른 데로 시집갈 수 없다는 포
기상태에서 같이 살게 되어 혼인신고를 하게 되었는데 이때부터 남
편이 달라지기 시작했다고 진술하였다.

또 다른 참여자는 한 단체에서 착실한 자신을 눈여겨 본 시아버지
가 문제가 많은 아들의 아내감으로 마음에 두고 결혼을 서둘렀으며,
정작 본인은 결혼한 후에야 남편의 문제를 알게 되었다고 진술하기
도 하였다.

남편이 거래처 ○○님이였는데 예, 어느 날 한번만… 만나자고 커피 한잔 하
자고 그랬는데 내가 한번 만나준 그 시점으로, 시점 이후로 6개월 이상 하
루도 안 빠지고 왔어요. (웃음)
그… 아니 소장님, 네, 근데 남자 보는 눈이 좀 없었어요. 왜냐하면 아버지
가 그랬기 때문에 남자를 기피하는 성격이 있어서 남자를 폭넓게 못 사귀
고 그러다 나한테 너무나 잘해주는 사람을 만났기 때문에 글쎄, 연애기간
에는 뭐 뭔들 못해주겠어요? 목적달성을 위해서 지금 생각해보면 거짓말도
많이 하고 그랬던 것 같아요. 예, 결혼하고 나서 느꼈죠.

시아버님께서 어, 전적으로 이렇게 그니까 사람들을, 제가 봉사하던 부서에
○○님으로 계셔서 저를 이렇게 쭉 보시고 마음에 들으셔서 아들을 결혼을
늦게 시키시려고 하셨는데 이제 저 같은 사람이면 아마 잘 할 꺼라고 그렇
게 보셨나봐요. 그래서 저하고 연결을 해주셨고… 그니까 다른 ○○님에게
중매를 좀 이렇게 요청을 하셨어요(중략).
근데 이제 저를 붙잡고 싶어서 이제 결혼을 시키신 거예요.

(4) 적절한 결혼 모델의 부재

참여자들은 주변에 적절한 결혼 모델이 없었던 것이 자신의 결혼 생활에 영향을 미쳤다고 직접 표현하지는 않았으나, 대부분의 참여자의 경우 이와 같은 적절한 결혼 모델이 없었던 것으로 관찰되었다. 참여자 중에는 편부모 슬하에서 성장한 경우 또는 친정 부모님이 자주 별거하거나 부부 갈등이 많았던 경우가 있었다. 한 참여자의 경우 자신이 살아오면서 가정 생활의 모델을 볼 기회가 없었음에 대해 안타까워하였다.

> 우리 부모님이 그런 모습을 보여주지 못한 부분이 있었고 그러니까 결혼에 대한 구체적인 그런 게 없는 거죠(중략).
> 그니까 결혼 생활해본 모델도 없었고 그런 갈등을 나보다 먼저 겪어본 사람도 없었고…

(5) 혼전 성관계 · 혼전 임신 · 혼전 동거

참여자들은 결혼 전에 성관계를 갖거나 이로 인해 임신이 된 경우, 또는 혼전에 동거를 하게 된 경우 어쩔 수 없이 결혼을 하게 되는 양상을 보였다.

> 그전에 아이가… 하나 있었고, 바로 안 된다 그래갔고 낙태수술을 했었어요, 저도 직장을 다니고 있었고… 남편도 그랬었고… 그러나 저도 당연히 살아야 된다고… 생각을 했었고… 동거로 들어갔던 것 같아요…
>
> 근데 (2초) 이제 그래서 한번 잠자리를 갖게 됐어요, 근데… 강제로는 아니였어요, 내 마음이 우러났어요(중략).
> 나도 엄마처럼 보수적이거든요, 남편과 그리고 나니깐 이제… 나는 이제 다른 남자한테 갈 수 없으니깐 어쩔 수 없다 인제 이런 포기상태가 되고 혼인 신고를 하자 그랬을 때 그냥 했어요, 그리고 동거 1년을 했거든요, 근데 혼인신고하고부터 남자가 변한 거에요,

이 남자가 집을 나왔어요, 엄마가 (결혼을) 반대하는데 (중략) 그래 가지구 할 수 없이 그니까 할 수없이 동거 아닌 동거를 시작했어요.

2) 결혼 전기: 결혼을 유지하려는 시기

이혼하기까지의 과정은 크게 결혼 전기와 결혼 후기의 두 시기로 구분된다.

결혼 전기에는 어떻게 해서라도 결혼을 유지하려는 특징이 있으며, 희망기로 시작된 결혼 전기는 결혼의 어려움에 부닥쳐 실망하는 '실망기', 안간힘쓰며 버티는 '노력기'를 거쳐 밑바닥까지 내쳐지는 '절망기'까지 이어진다. 이 시기는 진정한 자기가 강요된 자기에 점점 더 뒤덮여지면서 가장 밑바닥에서는 강요된 자기가 진정한 자기를 완전히 지배하게 된다. 이때 반복되는 실망과 노력으로 인해 굴곡이 생기며, 밑으로 내려가는 진행속도는 완만한 것으로 분석되었다(그림 1).

(1) 희망기: 기대 갖고 출발하기

결혼 생활의 첫 단계는 희망기로 이 단계의 특징은 기대 갖고 출발하기이다. 참여자들은 결혼의 위험 요인을 갖고 결혼하기는 하나, 모든 참여자들은 결혼하면서 한동안은 잘 살 수 있을 것 같은 자신감과 남편과 뜻이 맞기 때문에 다른 문제들은 해결해 나갈 수 있다는 앞날에 대한 기대감을 갖게 된다. 이 단계에서는 결혼생활에서 자신감과 안정감 등을 경험하게 된다.

① 자신감

잘 살 수 있을 것 같은 자신감

참여자들은 상대방을 바꾸거나 능력을 키워서 자신의 희망을 이룰
수 있으리라고 기대했다.

> 어떤 열등감이 보였어. 내가, 그러니까 내가 다룰 수 있을 것 같은 느낌이
> 없는지도 모르겠어 그럼에도 불구하고 그 사람은 뭐 학벌도 괜찮았어. 어?
> 0대 상대에다가 00무슨 뭐 수석으로 들어갔다가 나와 갔구… 그러니까 아!
> 잡아야지 구석이 있어서 내가 잡으면 잡을 수 있을 거 같았어. 그래서 막
> 내가 적극적으로 했다.

> 그때는 좀 희망이 있었던 거 같아요, 뭐 가진 거는 없고 진짜 비록 이렇지
> 만 그 사람이 배울려는 의지가 있고 뭐래도 항상 노력하고 적극적이고 그
> 러는 게 뭐를 해도 할 사람 같았어요… 저도 꿈에 젖었던 거에요… 내가 이
> 사람을 키워보겠다는 그런 거 있잖아요… 가능성이 있어 보이고… 제가 너
> 무 드라마를 많이 봤나 봐요… 남자를 출세시켜보겠다는… 괜히 그냥…(2
> 초) 잘난 척했던 것 같아요(중략). 네… 그때가 재미있었던 거 같아요… 애
> 네 아빠하고는 그때도 잘 안 들어올 때고 있었지만 그 나름대로는… 희망
> 이 보였으니까… (중략)
> 내가 이 사람을 내가 고칠 수 있다는 자부심을 가졌었거든요, 따라올 것 같
> 았었고,

> 그니까 당돌하게 말했어요, 저는 솔직히 마음에 들지 않는다, 그렇지만 제
> 가 이끄는 대로 잘 따라와 준다면 음 한번 이렇게 백지와 같은 상태로 돌아
> 갈 마음이 있다면 내가 한번 그리면서 어, 좋은 쪽으로 가보도록 하겠다,
> 그렇게 얘기를 했죠, 그니까 조금 교만했죠,

기대감

대부분의 참여자들은 결혼을 통해 본인들이 가지고 있던 미래의
꿈과 이상을 배우자와 함께 공유하고 이루어나갈 수 있으리라는 희
망을 가지고 출발하였다. 참여자들은 결혼이 새로운 세계에 대한 도
전이었고 본인의 이상 실현을 혼자 하는 것보다 배우자와 같이 하는

게 나을 것이라는 희망을 가졌다. 또한 결혼을 하면 결혼 전에 하고 싶었던 공부를 할 수 있을 것이라는 기대를 가지기도 하였다.

> 우선은 이상이 맞는다라고… 그게 참 컸겠죠… 그게 컸죠… 뭔가 뜻을 같이 할 수 있다, 그게 맞는다면 기타 여러 가지 문제들은 같이 고민하면서 해결할 수 있지 않겠느냐? 그땐 생각했는데 그게 아니었던 거지 음… 그래요(중략)
> 상대방이 결혼을 제의했을 때 그냥 뭔가 할 수 있겠다는 어떤 그리고 혼자 하는 거보다는 같이 하는 게 낫겠다라는 어떤 희망이 보인 거죠(중략), 그때는 그 굉장한 미래를 가지… 꿈을 꿨던 거 같아요, 꿈, 꿈꾸기… ,

> 싫지 않으면 결혼해서 사는 건가보다 막 사랑해서 사는게 아니라 어 그냥 이런 정도 선에서 다 사는 건가 보다, 그리고 나는 지금 탈출구가 필요하고 나의 이 지긋지긋한 이 구질구질한 생활에 변화가 필요해, 그래서 처음에 그런 얘기를 했고 처음부터 인제 그래 그렇게 해주겠다라고 했어요, 그래서 인제 다 그게 가능할 꺼라고 생각을 했죠, 드디어 난 탈출구를 찾았다 라고 생각을 했어요.

② 안정감

참여자들은 결혼 후 맞게 되는 희망기에 편안함과 행복감, 비로소 지옥 같은 친정에서 벗어났다는 해방감과 같은 안정감을 느끼게 된다.

편안함

결혼 외에는 자신의 삶에 대한 대안 없이 일정한 나이가 되면 결혼을 당연시하는 우리나라에서 많은 여성들은 배우자와의 사랑과 무관하게 결혼한 후에 일단 편안함과 안도감을 느낀다.

> (결혼해서)내 집에 있으니까 누구도 간섭하지 않는 굉장한 해방감, 안도감을 느꼈지, 이 사람이 완전히 웬수만은 아니었어, 좋을 때도 많았지,

> 결혼하자마자는 처음에는 그니깐 신혼 때 그니깐 애기 낳기 전까지는 되게

좋았어요, 그니깐 뭐라 그러지? 되게 편안하기도 했고…

행복감

결혼 상대자에 대해 별로 큰 호감을 갖지 않은 채 결혼한 참여자들 조차도 결혼 직후에는 남편이 잘 해주기 때문에 행복함을 느꼈다고 하였다.

> 그리구 저녁에 남편이 돌아올 시간이 되면 삐? 누르잖아 이거 그럼 새소리가 났어… 그때 새소리가~얼마나 반가온지 그러니까 막 행복이 저절로 들어오는 느낌 있잖아 어?

> 결혼을 해서는 무조건 제 말을 들어줬어요, 진짜로, 남편이 많이 한, 얼마동안은 제가 하래는 데로 많이 저한테 비유를 맞춰줬고 굉장히 행복해했고 저도 또 행복한 시절을 보냈다라고 생각하는데…

해방감

결혼을 자신이 처한 환경으로부터의 탈출로 여긴 참여자는 결혼 후 신혼 살림을 하면서 자신만의 공간을 갖게 된 일종의 해방감을 느끼기도 하였다.

> 신혼집에 정말로 그때는 막 해방됐구나! 집에서 응? 인제는 내가 누구 눈치도 안 보구 내가 확 해놓구 말이야 커피두 내 맘대로 막 미제 커피 타서 먹구… 그게 너무 꿈 같애, 그래서 그 생활을 막 즐기고 싶었어,

(2) 실망기: 어려움에 부닥치기

결혼과 더불어 남편과의 새로운 삶에서 꿈을 가지고 출발한 참여자들은 다양한 어려움에 부닥치는데 이 어려움은 남편과 시댁이 자신의 기대와 '다름'에서 오는 것이다. 이와 같이 다름에 부딪히면서

대부분의 참여자들은 배우자와 소통이 단절되기 시작했으며, 신뢰가 깨졌고, 힘겨움, 실망감, 외로움, 분노, 서운함, 수치심, 두려움, 싫어짐 등의 감정을 경험하였으며 그 결과 신체적 증상, 수면장애, 우울증과 같은 병리적 증상이 생기기도 했다.

① 다름에 부딪힘

참여자들은 결혼 생활에서 남편이나 시댁의 생활과 문화가 자신의 성장 배경과 다르다는 것을 느끼고 힘들어하였다. 참여자들이 느끼는 '다름'은 구체적으로 자신의 삶의 원칙, 인간으로서의 기본적인 도리, 생활 자세가 남편이나 시댁과 서로 다른 것이었다.

> 그러니까 그런 거 하나두 많이 통하지가 않구 막 이러니까 상당히 힘들더라구 그러니까 분위기가 완전히 다른 분위기야, 우리하고, 그래서 세상 보는 각도가 다르고, 그래서 너무 적응을 못하구 그랬지 뭐.

> 이런 건 아닌데 진짜 이런 건 진짜 아닌데 이렇게 내가 기다리고 있는 전화 한 통화는 해줘야 되고 밥이라도 같이 먹어야 되고(중략)
> (나는) 돈 꾸는 거 싫어하고 뭐를 해도… 약속을 지키거든요, 그런데 남편은 그런 게 아니라 오늘 약속을 못 지키게 되면 연락을 해야 되는데 잠적을 해버리거나 뭐 이랬다저랬다 말도 안 해버리거나 그러는 스타일이었어요, 그랬던 게 많았어요.
> 어머님은 아주 독실한 크리스천이고 그래서 남편도 모태신앙인거고… 저는 그런 문화는 사실은 낯설었어요(중략).
> 서로 공유를 해야 될 거 아니야 공유를, 그래야지 같이 도와나가야 되는 거 아니에요? 그게 전혀 안 돼.

② 소통의 부재

다름에 부닥친 여성은 자신의 어려움을 호소하려 시도하지만, 함께 생각과 의견을 나누고 소통하는 통로가 없어지면서 문제는 점점 더 심각해지기 시작한다.

대부분의 참여자는 남편과 의사소통이 단절되는 것을 경험했다고 하였다. 의사소통은 모든 관계 특히 부부관계 유지를 위한 중요한 매개체이며, 이러한 의사소통의 단절은 부부의 위기를 예고하는 중요한 신호로 작용하였다.

> 대화도 안 돼 갖구… 항상 내가 메아리치는 거야… 내가 하는 말이 다시 그냥 나한테 돌아오지 그 사람 마음에 전달이 안돼… 항상 사소한 것조차도 그것도 이상했구…

> 아까 그 소통 얘기하셨는데 전 전적으로 동감해요. 부부든 친구든 뭐 가족이든 간에 직장동료이든 간에 서로가 이렇게 의사소통이 되는 한 깨질 염려가 없다는 생각이 들어요. 그런데 의사소통이 안 되는 순간부터 거기는 인제 위험한 거예요. 그러니까 ○○이 아빠도 언제부턴가 말이 안 통하고 계속 평행선을 달린다라는 생각을 했어요. 그 친구가 말하는 것과 내가 말하는 것이 서로 전혀 간격이 안 좁혀지고 자기 생각만 쭉 서로가 점점 더 그러니까 어쩔 수가 없는 거죠.

> 대화가 안 되고, 글쎄요 대화를… 서로 이렇게 싸이클이 안 맞는다고 해야하나요? (중략) 우린 대화가 안 되는 게 가장 문제였어요.

> 남편과도 거의 단절되고, 좀(목 가다듬음) 그랬었어요(중략).
> 사실 제 남편하고는 제가 아까 말했지만 문제가 있을 때 대화를 해서 어쨌거나 대화를 해서 문제를 조금씩 풀어가야 되잖아요. 근데 그걸 못하는 거죠. 아니면 저도 이제 대화 기술이 없는 거고 상대도 대화기술이 없는 거인거죠. 그니깐 (목 가다듬음) 나는 얘기를 꺼내면 돌아오는 게 반응이 안 좋으니까 전 더 이상 얘기하기가 싫은 거고 그러면서 대화에 차단이 점점 되는 거죠. 그래서 대화가 많이 없었어요. 또 문제를 풀어가는 방식들이 늘 그런 거니까 (목 가다듬음)그니까 남편에 대한 그런 마음이나 이런 것도 좀 멀어지는 거죠. 그러니까,

③ 신뢰가 깨짐

참여자들은 남편과의 소통이 단절되면서 신뢰와 믿음이 없어졌다고 진술하였다.

결혼 생활에서 뭐가 제일 힘들었냐하면 믿음, 신뢰가 깨졌던 거 같아요.

④ 감정적 반응

어려움에 부딪힌 참여자들에게 나타나는 감정반응은 힘겨움, 실망감, 외로움, 분노, 서운함, 수치심, 두려움, 싫어짐 등이었다.

힘겨움

참여자들은 결혼의 어려움에 부닥치면서 일차적으로 자신에게 주어진 상황을 무겁고 힘들게 느끼게 되었다.

그 모든 게 너무 나는 힘이 든 상태였기 때문에 애는 천천히 갖자 나는 3년 동안 애를 안 가졌더니 그것도 또 하나의 말썽꺼리죠. 종손의 외아들인데 어떻게 애를 안 나요? 당연히 아들을 낳아야 되는 거지(웃음) 그러더라 어떻게 그냥 우리 사회에서 여자들에게 부여되는 온갖 가부장적인 과제가 제 한 몸에 가득했거든요. 그 참 힘들게 힘들다, 힘들다 하면서도 그럭저럭 지냈어요.

실망감

결혼을 통해 남편과 모든 것을 공유하면서 자신의 꿈을 이루어 갈 것으로 기대했던 참여자들은 자신의 기대와 희망이 어긋나면서 실망하고 좌절하였다.

그때 너무너무 그 사람이 나를 실망을 자꾸 시켜갔고 정말 그랬으면(취직을 했으면) 좋겠는데 죽어도 안하는 거야.

남편이 무슨 얘기를 했을 때 내가 인제는 쫌 신뢰감을 잃고 남편에 대해서 쫌 실망하고 이런 부분이 있기 때문에 좀 말이 없어졌었어요.

외로움

한 참여자는 자신의 힘든 것을 알아주지 않는 남편 옆에서 외로움과 공허함을 느꼈다.

분노

또한 참여자들은 힘들어지면서 자신을 힘들게 한 남편에게 화가 나기 시작하였다.

> 그러니까 내가 얼마나 힘들어? 내가 자꾸 화가 나기 시작하더라구, 이건 내가 남자를 버리는 게 아닌가.

> 나랑 우리 애기는 본인 때문에 너무나 불행하고 힘든데 그 사람이 어떤 사람을 행복하게 해준다는 게 너무너무 화가 나는 거에요(2초), 그게 너무너무 화가 났어요.

서운함

참여자들은 최선을 다해 결혼 생활을 잘 해나가려 하였으나, 기대와는 달리 남편이나 시댁이 그 노력을 인정하지 않음으로 인해 상대방 즉 남편이나 시댁에 대해 서운함과 섭섭함을 느꼈다.

> 어머님이 나한테 사과해 주길 바랬는데 그게 아닌 거에요. 근데 저는 무지하게 서운했어요…

> 저는 저대로 서운함이 쌓인 거죠, 난 진짜 너무 고생스러운데 시댁에 가면 언제나 야단만 맞아요, 무릎 꿇고 앉아가지고 한 시간씩 설교들어요, 시어머님한테… 근데 한마디라도 좋으니까 수고한다는 한마디라도 들어보면 소원이 없겠다라고 남편한테 그런 얘기를 했었는데…

수치심

한편 남편의 폭력이 결혼 생활의 주 문제였던 참여자들은 남편에게 폭력을 당할 때 수치심을 느꼈다고 했는데, 신체적 폭력뿐만 아니라 언어적 폭력도 수치심을 유발시켰다.

> 그렇게 서로 한바탕씩 하고나면 얼마나 서로가 비참한지 몰라요, 저도 굉장히 비참하고 처참하고…

> 처음으로 욕설을 들었어요. 아버지도 욕은 잘 안하거든요 폭력은 써도, 그래서 그 욕설을 들었을 때 맞은 것보다도 막 치욕적인 거 있죠, 어디로 막 숨어버리고 싶은 너무나 놀라웠어요, 그런데 그것도 자주 듣다보니깐 이제 나도 하게 됐어요,

두려움

맞고 사는 참여자들의 경우 남편의 폭력은 면역이 되지 않고 오히려 남편의 출현이 예측될 경우 자동적으로 두려움이 몰려왔는데, 그것은 심지어 신체적 증상이 나타날 만큼 큰 두려움이었다.

> 네… 남편, 남편 전화가 오면 가슴이 쿵쾅쿵쾅 뛰고 잠을 못자고 벨소리만 나고 깜짝깜짝 놀래고 벨소리만 나도 또 칼 갖고 오지 않을까… 네, 그런 심리, 쿵쾅쿵쾅 뛰고…두리번거리고 또 뭐 감출 거 없나?… 네… 부엌에 먼저 가서 칼 먼저 다른데 숨겨두고… 있게 되고 그랬었고 잠을 못자요… 내가 왜 이렇게 됐나…(눈물)

> 나중에 제가 어떻게 저도 거기에 인제 두려움과… ,그 진짜 그렇더라구요, 폭력이 얼마나 인간을 참 그~쫄아들게 만드는가? 무력하게 만드는가? 그런 걸 너무나 절감을 했죠, 둘의 인간성이 다 파괴되는 것을 느끼겠더라고요, 맞는 나도, 때리는 그 사람도… 나는 이제 심각한 상태까지 갔어요(중략),

> 그리고 이런 생명의 위협적인 걸 여러 번 느낀 뒤로는 남편이 들어오는 게 너무 심장이 뛰는 거에요, 그 시간만 되면 맞춰서 아주 자동으로 뻐꾸기 시계처럼 이렇게 뛰는 거에요(중략),

이제 좀 심장이 뛰고 막 이러면서 불안해하고 하루하루 그렇게 보내는데 이게 사는 건가? 안 당해본 사람은 알 수 있을까?(중략)

싫어짐

결혼의 어려움이 지속되자 참여자들은 남편이 싫어졌다고 하였다.

갈 데까지 간데다가 그렇게 하니까 정말 정이 뚝~떨어지더라, 진짜 싫더라,

근데 그렇게 한번 크게 싸우고 나니까 응… 저 같은 경우는 그 사람 보는 게 싫더라구요, 쳐다보는 게 싫더라구요, 정말 그야말로 발뒤꿈치 보기가 싫더라고요, 그런 마음이 딱 생기드라구요,

⑤ 병리적 증상

결혼 생활에서 어려움을 겪으며 일차적으로 여러 감정적 반응을 보인 참여자들에게 이차적으로는 병리적 증상이 나타나기 시작하는데, 참여자들이 언급한 결혼 생활에서 오는 스트레스로 인한 증상으로는 신체적 증상과 수면장애, 우울증 등이 있었다.

신체적 증상

결혼한 여성에게 일차적 터전인 결혼 생활에서의 어려움은 전신 허약과 스트레스와 직결될 때 나타나는 갑상선질환 같은 신체적 증상으로 나타났다.

그래서 내가 그때 막 울고불고 다니고 그랬지, 병났지, 그때 갑상선도 걸리고 그랬지,

그러니까(5초) 몸은 되게 안 좋았어요, 체중이 뭐 너무 빠져가지고 그냥 너무너무 날씬했었으니까 그때…

수면장애

한 참여자는 남편과의 불화를 겪으며 잠을 못 이루는 수면장애로 고통스러워했고, 이 때문에 정신과를 방문하여 도움을 받기도 하였다.

> 많이 힘들었어요. 막 서럽고 잠을 못 잤어요. 우선은 신경을 쓰니까 그래서 정신과 상담을 했어요.

우울증

참여자들은 결혼 생활의 어려움으로 우울증을 경험한다. 한 참여자는 자녀를 두 명 낳은 후 '어떻게 해야 하나?' 하는 생각과 함께 우울증 비슷한 증상이 왔다. 다른 참여자는 결혼하면 자신이 처녀 때부터 하고 싶었던 공부를 할 수 있으리라던 기대와는 달리 결혼 후 공부를 못했을 뿐만 아니라 오히려 모든 인간관계가 끊어지고 시어머니와 늘 갈등관계에 있으면서 우울증을 경험하게 되었다.

> 그런 삶을 살다보니까 5년 정도 지나서 작은 애 낳고, 이제 그때는 우울증하고 비슷하게 애 낳고 산후조리 하니까 어떻게 해야 되나 이 애를 둘도 있는데 이혼도 못하겠고 그냥은 살아야겠는데 그냥 살기에는 너무 내가 힘들고 이런 생각을 참 많이는 했죠.

> 내 주변에는 끊임없이 사람이 있었는데 완전히 고립돼서 임신해서 문제 있는 거예요. 그니까 우울증이 생기고 남편이 와도 즐겁지 않고 난 행복하지 않은 거죠. 거기다가 그 나의 신경을 건드리는 존재가 가까이 늘 있는 거고… 시어머니라는 존재가… 그냥 행복한 순간이 한 번도 없었어요.

(3) 노력기: 안간힘쓰고 버티기

참여자들은 여러 가지 대처 방법을 사용하여 자신들이 부닥친 결혼의 어려움을 해결하려고 하였다.

이들은 결혼 생활의 어려움이 자신과 남편의 문제라고 여겨 다른 사람들에게 도움을 청하는 적극적인 방법을 취하기보다, 거의 대부분 혼자서 일방적으로 애를 쓰거나, 전문인이 아닌 주변사람에게 얘기하는 정도의 '안간힘쓰고 버티기' 단계를 거치게 된다. 즉 극한의 절망에 이를 때까지는 결혼을 어떻게든 유지하고 이혼을 하지 않으려고 애쓰지만, 이러한 노력은 효과가 없었다.

이 단계에서 참여자들은 자신들의 진정한 자기가 강요된 자기에 의해 점점 더 억압당하면서도 어떻게 하든지 결혼 생활을 유지하려고 노력하였다. 즉 이 단계는 '노력기'로, 특징은 '안간힘 쓰고 버티기'이다.

이 단계에서는 '수용하기', '현실 부정하기', '맞대응하기', '대안 찾기', '도움 구하기', '이혼에 대해 생각해 보기'등의 대처방법을 사용한 것으로 분석되었다.

① 수용하기

참여자들은 결혼 생활에서 부닥친 여러 가지 어려움을 일단 받아들이며 참고 희생하는 가운데 문제를 해결해 보려고 부단히 노력하였다.

어려움을 수용하기

결혼의 어려움에 당면하는 참여자들은 일단 본인들이 실망하고 갈등하면서도 부닥친 어려움을 받아들이려고 애썼다.

참고 희생하기

참여자들은 결혼 생활에서 자신이 참고 희생해야 하는 이유를 자녀나 가정의 평화에 두기도 했는데, 한 참여자는 자녀들이 독립할 수 있을 때까지 참으려고 하였다. 한편 다른 참여자는 자기만 희생하면 시댁의 평화가 이루어질 수 있다고 생각하여 주어진 모든 과중한 역할을 받아들이고 희생하였다.

> 네… 그럴 수 있고… 우선 직장이 없어서, 많이는 안 벌어다 줘도… 애들 아직 어리니까 애들 독립할 때까지만 참자라는 생각을 했었거든요, 몇 년만 참자, 생각을 했었거든요.

> 그 다음 날부터는 제가 아침밥을 하기 시작했어요, 너무 부딪히고 너무 힘들고 하니깐 에이 그러느니 진짜 내 몸 하나 부수자, 내 몸 하나 부셔서 가정 편안하다면 한번 해보자 잠을 세 시간을 자든 네 시간을 자든 정말 악착같이 아침에 일어나가지고 했어요, 누가 봐도 쟤 하는구나 느낌을 받게끔 했어요.

노력하기

참여자들은 자신의 기대와 꿈을 이루어 주리라 기대했던 결혼 생활이 잘 지속되도록 하기 위해 때로는 자존심을 굽혀가면서, 때로는 남편에게 폭력을 당하면서도 자신들 나름대로의 방법으로 최선을 다해 부단히 노력하였다.

> 나도 열심히 그 사람 비유 맞춰주면서 잘해 볼라고 막 굉장히 애를 썼고 잘해주고 손톱 발톱 다 깎아 주고 막~잘했지… 그러니까 이 사람도 자꾸 기대를 했나봐 그동안에 오늘 아니면 내일 아니면 모레 아니면 다음 달 아니면 이런 식으로 기대를 했는데 전혀 우리 집 반응이 없으니까… (중략) 이해가 안 간 거야… 그래도 맞출라고, 애를 썼어, 계속, 아~ 바보였어.

> 저는 솔직히 많이 노력하고 살았거든요, 근데 그건 한 삶의 희생이고 한 사

람이 지치는 결과를 이루는 것 같아요.

그니까 계속 그렇게 남편하고 대화로 풀어갈려고 노력을 참 많이 했던 것 같아요. 근데 그게 안 된 거에요(중략).
계속 쥐어터지면서도 그래도 또 말하고 싶고(웃음), 말해야 한다고 생각하고, 그리고 그거 아니면 무슨 방법이 있어요? 그니까 별거라는 어떤 대안을 찾기 전까지는 대화를 생각했던 것 같아요.

② 부정하기

현실 부정하기

많은 참여자들은 현실을 보는 것이 두려워서 자신에게 닥친 어려움을 외면하고 부정하려 애썼다. 한 참여자는 가게에서 같이 일하는 사람이 자신의 남편을 욕하자 착한 사람이라고 변명해 주었고, 다른 참여자들은 남편의 외도에 대해 의식적, 무의식적으로 별 문제가 아니라고 생각하였다. 심지어는 남편과 이혼하러 법원에 갔다가 남편이 싫다고 하여 그냥 돌아오면서 본인도 속으로는 다행이라고 여기기까지 하였다.

그러니까 순간 불쾌할 때 뭐냐믄 나는 내가 점원인가? 날 뭘로 생각하나? 부인인가? 점원인가? 그걸 내가 야물딱지게 따지지도 못했어, 그때 겁나가지고 그렇게 따져가지고 어떻게 하겠다는거야? 나도 내가 뭐 거기서 이혼할 입장은 아니니까, 그래서 말을 못하고 있었어, 그냥 그리구 자꾸만 좋게 생각했어, 그냥… 에이 착한 사람이 설마, 응? 그래갔구 그 이불 꼬매는 아줌마가 그랬다 그랬잖아, 나 같으믄 응? 난 내 딸이라면 이혼시킨다, 그래서 내가 뭐라고 했냐믄? 아이, 말만 그래요, 저 사람 착한 사람이에요, 말을 그렇게 해서 그렇지 착한 사람이에요, 이렇게 말했다니깐(중략),
그래도 맞추려고 애를 썼어, 무서워서 그랬나봐, 현실을 보는 게… (중략)
내가 정말 받아들일 수가, 현실을 느꼈지만 인정을 못한 거야, 인정하고 싶지가 않은 거야(중략),
그때 한번 법원에 같이 간 적이 있었는데 얘가 문 앞에서 싫다고 그랬어, 그랬을 때 나도 싫다 그래서 다행이라고 생각했었어.

뭐 잠자리를 했다거나 그런 의심을 해본적은 없었어요… 그냥 뭐 의심해본 적은 없었어요… 그냥 놀러가고… 그런 정도만 생각했지 아무런 의심을 그쪽까지는 의심이 안 되는 거에요, 살려면 믿어야지 그렇게 제 자신을 달래고 살았던 거 같아요…

자기는 순전히 일적으로만 그런 거다라고 얘기를, 변명을 했어요, 그러니깐 하루에 저는 다 풀었어요 정말루 첫번에 다 믿어 버리고 진짜 그럴 수도 있겠지 생각을 하구(중략),
막 이상한 생각이 들기 시작, 그래도 여자일거라는 생각은 안 하면서…

주변 의식하기

힘든 것이 심해지면서 참여자들은 이혼에 대해 생각해 보기는 하지만 친정식구를 비롯한 주변사람들을 떠올리며 스스로 자신이 처한 상황에 대해 창피해 한다. 한 참여자의 경우, 초기에는 이혼과 죽음 중 이혼이 죽음보다 열배의 무게로 느껴졌었다고 할 정도로 이혼 후 받아야 할 타인의 시선을 두렵게 생각하였다. 다른 참여자는 친정식구들과 친구들에게 잘살 수 있다고 큰 소리쳤는데 이제 와서 잘 살지 못하고 있는 모습을 보이는 것에 대해 창피해 하였다.

그때 살아야 되나? 말아야 되나? 했는데 엄마, 아빠 챙피할 것 같고… 그런 생각을 많이 했던 거 같아요(중략), 친정에 와 큰소리치던…그런 거가 있잖아요… 내가 포기하면 엄마아빠에게 큰소리 친 게 저기 되고 친구들한테도 챙피스러운 거에요, 그런 게 싫더라구요,

음… 그… 사실 아무한테도 얘길 못 하겠더라구요, 친구한테도 내가 이렇게 맨날 맞고 산다는 얘긴 차마 못하겠고, 부모님한텐 더 못하겠고, 정말로 그러니까 아무한테도 얘기 못하고 혼자서 끙끙 앓는 게 않았고, 한 두 선배한테만 인제 상의를 했었죠(중략),
나머지는 거의 얘기를 못했는데 저만 그런 게 아니라 아마 대개 맞고 사는 여자들은 다 그럴 꺼에요, 챙피해서 말을 못하고서 말을 해도 안 믿어줘요,

행복 가장하기

한 참여자는 행복한 척 했으며 가정꾸미기 등의 외양적인 것에 집착하였다.

> 그리고 행복한 여자 행세하고 말하자면 가면을 쓰고 살은 거지, 그리구 집 꾸미고 자식한테 집착하고 외양적인 것에 집착하면서 행복한 척 했지.

③ 맞대응하기

때로 참여자들은 문제의 근원이 되는 남편과 시댁식구들에게 자신이 받은 부당한 대우에 대해 항의하기도 하고 욕설과 폭력을 사용하는 남편을 향해 자신도 폭력으로 맞대응하기도 하였다.

> 바락바락 대들고 싸우기도 하고, 그러면서 가정에서 폭행도 당하고…

> 때로는 싸우기도 하고, 뭐 하기도 하고 그랬는데… (중략) 근데 문제는 이제 제가 결혼하고 따로 살았어요, 우리 시어머니는 그것도 엄청 불만이고 엄청 싸웠죠.
> 그래서 저도 얘기를 했어요(중략), 어머니로서는 정말 존경을 하는데요, 여자로서는 저는 어머니처럼 살기 싫어요 이랬어요, 더더군다나 제가 딸 키우기 때문에 여자이기 때문에 이렇게 불합리하게 부당하게 당하고 사는 거 어머니도 힘들고 나도 힘들고 신랑도 힘들고 고모도 힘들고 다 여기서 안 힘든 사람 없는데 다 똑같이 힘든데 왜 유독 어머니하고 저하고만 힘들어야 되냐고, 그거는 너무 부당하다고, 저도 그렇기 때문에 딸을 키우기 때문에 더더군다나 어머니하고 생각이 틀리다고…

④ 대안 찾기

많은 참여자들은 자신이 처한 결혼 생활의 어려움이 점점 가중되자 대안을 모색함으로써 해결해 보려고 한다. 참여자들이 사용한 대안은 갈등의 근원이 되는 시댁으로부터 분가 요구하기, 남편과의 관

계 개선을 위해 자녀 하나 더 낳기, 독립하기 위해 이민을 계획하거
나 자기 일 찾기 등이었다.

분가 요구하기

시댁과의 갈등이 결혼 생활의 어려움 가운데 하나였던 참여자들은
어려움을 해결하는 방법의 하나로 시댁으로부터의 분가를 강력하게
요구하였고, 다른 참여자는 시어머니로부터 받는 스트레스에서 벗어
나기 위해 시댁에서 멀리 떨어진 곳으로 집을 옮기기도 하였다.

> 만약에 분가하지 않으면 이혼하겠다 했어요(중략), 제가 굉장히 강하게, 너
> 무나 강하게 해서 그니까 안 좋은 상태로 나오긴 했어요.

> 시어머니가 가까이서(웃음) 나한테 그런 스트레스를 계속 주고 하니까 그
> 게 견딜 수 없었죠. 그래서 이사를 가기로 했어요. 멀리. 그래서 OO으로 갔
> 어요.

애기 하나 더 낳기

한 참여자는 남편이 말리는데도 불구하고 애를 하나 더 낳으면 본
인이 남편을 편안하게 대할 수 있지 않을까 하는 기대를 갖고 자녀를
더 낳았다.

> 남편이 폭력 같은 게 강도가 강해지고 이러다 보니깐 내가 애를 하나 더 낳
> 으면 내 마음이 애한테 쏠리면서 남편한테 더 편안하게 대해 주지 않을까
> 이런 생각에서 애를 하나 더 낳게 됐어요. 남편은 인제 낳지 말라 그랬는데
> 도, 내가 굳이 낳았어요. 낳았는데 남편이 일시적으로 좋아는 했는데…

이민 계획하기

한 참여자는 결혼의 어려움을 피하기 위해 다른 나라로 취업 이민

을 고려하는 등 독립하려는 시도를 하였다.

> 내가 그때 어떻게 했냐면 OO이를 누가 맡아 준다고 해서 내가 사우디아라
> 비아를 가려고 했어, 취업이민을 거기서 뽑아줬어(중략),
> 그때 또 어떤 생각을 했냐면 호주를 또 가리라 생각했지, 목사님을 만나서
> 호주를 가려고 했는데, 호주로 가서 난 이제 독립을 하려는 거였지,

자기 일 찾기

남편과의 관계에 벽이 생긴 이후 자신에 대한 성찰이 시작되면서
자기가 무엇을 해야 하나?를 생각하고, 할 수 있는 일이 무엇인가를
찾기 시작하였다. 자기 일이란 경제적 독립 이외에 자기 자신을 찾기
위한 것이었다.

> 그때 남편하고는 벽이 팍 생기더라구, 이건 한계구나, 이미 마음이 닫힌 상
> 태에서 뭐가 문제인가? 어디서부터 이렇게 되었나? 어떻게 해야 될 것인가?
> 내가 할 수 있는 일은 무엇인가? 그렇게 계속 고민을 시작한 거지,

⑤ 도움 구하기

주변으로부터 도움 구하기

참여자들은 주변사람들에게 도움을 구하기도 하였다. 즉 한 참여
자는 남편을 설득해서 심리 분석하는 곳에 같이 갔다. 그 외에 참여
자들은 전문 기관은 아니지만 가까운 친지들에게 어려움을 털어 놓
는다. 또 다른 참여자는 남편과의 문제로 우울증이 생기자 도움을 받
기 위해 정신과를 방문하였다.

> 그러니까 그 사람 자체가 좀 정신적으로 문제가 있어, 자폐적인 어떤 성향
> 이 굉장히 많고, 그러니까 내가 오죽하면 그 사람을 데리구 확 달래가지고

심리분석 하는 데를 데려 갔었어…

제가 몇 년 전인데 얘네 아빠랑 힘들었을 때, 얘네 아빠가 구타를 막 하고 그랬었거든요, 그때 (정신과를) 처음으로 간적이 있었어요, 우울증이 아닌가 해가지고 그때 살아야 되나?, 말아야 되나?

저는 친구들하고 얘기했었고 우리 이모 그니까 이모하고도 얘기를 많이 했고… (중략)
친구 중에서 꿩장히 객관적으로 얘기해주는 친구가 하나 있었어요, 그냥 뭐… 동생하고도 얘기하고, 동생이 인제 동성이니까… 오빠들한테보다는 동성인 동생하고는 꿩장히 친밀했거든요, 지금도 마찬가지구요 동생하고 얘기 많이 했구요 음… 친구들한테는 특별히… 제 자존심상… 자존심이 센 편이예요, 한 교회에서 알게 된 집사님하고 많이 또 얘기했어요,

종교에 의지하기

때로 참여자들은 결혼 생활의 어려움을 종교에 의지하여 해결해보려 하였다.

이제 하나님하고만 얘기했어, 계속 기도만 했었고… (중략) 그때 하나님이 나를 다시 불러주셨어, 받아 주셨어, 그래서 내가 느끼고 하나님 은혜 감사하고 힘이 생겼어, 그때부터 그래서 뭔가 희망을 가지고 살기 시작했어, 근데 그게 살기는 싫어도 헤어지는 게 쉽게 되나, 안 되잖아요? 정말… 헤어지고 싶어, ㅇㅇ이 낳고 나서 걸어 다닐 때쯤 되서부터 교회 다녔거든요, 그때는 기도할 줄 몰라서 맨날 남편 성격만 고쳐주셔도 저는 살겠습니다, 주님 막 아니면은 헤어지게 좀 해주세요, 고통스럽습니다 막 그렇게 했어요, 근데 그 기도가 잘못됐는지 아무튼 나를 거기서 빼내 주실라고 그러셨는지 모르겠지만 남편이 너무 고통스럽게 했어요, 힘들게 했어요,

그때 제가 하나님께 울면서 약속을 했어요, 다시는 이혼얘기 이혼 생각하지 않고, 또 이혼얘기하지 않고 그렇게 살겠습니다라고 하나님께 약속했어요, 그래서는 그 뒤로 정말 힘들고 어려운 과정이 많이 있었지만… 그렇게 살았거든요(중략),
그리고 나서 그냥 또 기도 다니면서 열심히 제 마음을 제 힘으로는 사랑할 수 없으니까 ㅇㅇㅇ의 사랑으로 사랑하게 해주세요, 맨날 ㅇㅇ가면 그렇게 울면서 기도했어요,

⑥ 이혼에 대해 생각해보기

참여자들이 여러 방법으로 결혼 생활의 어려움에 대처함에도 불구하고 남편과의 관계나 처한 상황이 개선되지 않자 이혼에 대해 생각해 보기 시작하였다.

> 그래서 그때 내가 확 안거지, 아, 이 남자가 부양할 의지가 없는 사람이구나, 그래서 그때 판단이 되더라고 아 이건 안 되는 거다, 결혼 생활 못하는 거다, 이렇게 되면 내가 싫고 좋고 이런 차원이 아니라는 판단력이 선거야 그러니까 내가 원했던 결혼이 아니다, 나는 최소한 사랑을 안 해도 나 먹여 살릴 사람 찾는 거였는데 그것조차 안 된다면 무슨 이유로 내가 있냐? 그런 생각이 든 거야.

> 수술받고 나와서 그리고 나서… 그때에는 그때 이혼을 이후로 마음속으로 결심을 해놓은 지도 몰라요, 그 전까지는 그래도 어떻게 살아봐야지 라는 생각이었거든요…

(4) 절망기: 밑바닥까지 내쳐지기

계속되거나 더욱 심화되는 결혼 생활의 어려움으로 인해 여성들은 더 이상 내려갈 수 없는 밑바닥에 다다른다. 특히 이들을 가장 힘들게 하는 것은 남편이나 시댁으로부터 자신의 존재를 인정받지 못하는 것이었으며, 반복되는 실망과 좌절로부터 극한의 절망을 경험하면서 마음의 문이 완전히 닫히는 경험을 한다. 일단 마음이 닫히면 그동안의 노력에 비례라도 하듯 남편과 시댁에 대해 증오심이 생겼고 건강이 악화되는 경험을 하기도 하였다.

① 존재 없음

참여자들이 가장 힘들어하는 것은 남편과의 관계에서나 시댁에서 자신의 존재가 완전히 무시당하고 역할만 기대되는 도구적 존재로

전락하는 것이었다. 참여자들은 이러한 상태를 '존재 없음'이라고 표현하였다.

> 관습과 부딪히기, 충돌해서 완전히 처참하게 깨지기, 그리고 좌절하는데 여기가… 여기서 뭐가 오냐면 완전히 그거예요, 나는 아무 것도 아니구나, 나는 시댁에 … 시댁에 가면 존재 없음이야, 꽝이야(중략), 그러니까 잃어버린, 정말 존재가 없어진 것 같은 나를 도저히 이렇게 못 살겠다라는… 완전히 무슨 노비도 아니고 내가 무슨 몸종이야(웃음), 막 이러면서, 그니깐 존재가… 나는 존재가 없구나라는 걸 너무 많이 느꼈어요.

② 극한의 절망

결혼 생활의 어려움이 해결되지 않고 반복되거나 오히려 심화되면서 참여자들은 극한의 절망 상태에 이른다. 절망감에 빠진 참여자들은 이 상태를 '죽기 아니면 살기', '지옥'이라고 표현하였다.

절망감

나름대로 최선을 다해 노력해 본 참여자들은 계속되는 좌절과 실망 속에서 더 이상 어떻게 해 볼 도리가 없는 상태인 절망감을 경험하였다.

> 그렇게 완전히 좌절하면서 그 부부생활에게 일어날 수 있는 온갖 가장 최악의 여러 가지 상황들까지 다 겪은 다음에서… (중략)
> 그것이 계속 좌절, 좌절, 좌절, 실망, 실망, 실망, 실망하고 결국엔 됐어 우리 이제 더 이상 같이 가는 거 안 되니까.
>
> 그 소름끼치는… 바로 풀려나게 해줬어요, 해주고 (3초) 며칠 살… 살았는데 이제 지옥이죠, 한마디로, 며칠 살았는데 남편이 한번 또 위험한 상황을 만들더라구요 이제 너무 자주 일어나고 너무 공포스러우니까…
>
> 인제 그러더니 그렇게 술 마시고 외박하는 날도 많고 이렇게 막 늦게 다니

고 연락도 안 될 때도 있고, 그니까 사람 인내심 시험하는 것처럼 도대체 어디냐 그래도 연락도 없고 그러나 나중에는 정말 너무나 사람진을 너무나 빼놓는 거야… 진짜 완전히 빼놓는 거야.

죽기 아니면 살기

참여자들은 이러한 밑바닥까지 내쳐진 상태는 마치 죽느냐 사느냐의 기로, 자녀보다 더 중요한 자기 자신의 생존의 문제, '죽기 아니면 살기' 또는 '지옥'과 같은 상태였다고 진술하였다.

음… 출구가 무엇인지 안 보이는 어떻게 해야 될지 모르겠는, 그런… 응… 아무튼 해결책이 잘 안, 안 떠오르는… 아무리 내가 뭐 어떻게 할라 그래두 그게 인젠 한참 고민할 때가 있고, 그 다음에 인제 막 그 맨날 얻어터질 때는 야~ 살기 아니면 죽기, 죽기 아니면 살기… (중략) 사선, 사선에 서다.

며칠 살, 살았는데 이제 지옥이죠, 한마디로… 며칠 살았는데 남편이 한번 더 위험한 상황을 만들더라구요, 이제 너무 자주 일어나고 너무 공포스러우니까 내가 친정으로 가면 찾아낼 것 같아서 친구네 집으로 갔어요.

③ 마음이 닫힘

결혼 생활의 어려움 속에서 남편과의 관계가 점점 단절되어가면서 극한의 절망상태에 다다르면 참여자의 마음이 완전히 닫혔다.

나한테 애미 없는 년이라면서 너는 저렇게 어미 없는 남자랑 결혼하지마라 막 이러는 거야, 그니까 내가 막 엄마에 대한 슬픔이 막 맺혀있는 사람한테 그러니까 야 진짜 막 이건 더 이상은 아니더라, 이제 넌 끝이야, 이런 생각이 진짜로 확 들었어, 그 순간에, 이제 거기서 완전히 닫은 거야.

④ 증오심

어려운 상황에서도 어떻게 해서든지 결혼을 유지하려고 희생하고, 참고, 노력해 온 한 참여자는 자신의 노력에도 불구하고 이혼을 요구하는 남편과 아들이 사고 칠까봐 이혼해 주라고 권유하는 시댁에 대한 배신감과 서운함이 커지자 복수심이 생겨 쉽게 이혼해 주고 싶지 않은 오기가 생겼다고 하였다.

> 그래서 이혼을 해도 쉽게 해주고 싶지 않은 오기가 생기더라구요(중략), 그래서 그냥은 나도 내가 무너졌으면 무너졌지 그냥은 못 무너진다, 내가 너네를 파탄내고 말겠다, 그런 오기가 생기는 거예요, 못 헤어지겠다는 생각만 드는 거예요, 그래서 얘네를 간통으로 몰아버리겠다는 생각으로 추적을 해볼라고 했는데 그게 쉽지가 않더라구요(중략),
> 말릴 수 있는 데까지 말려볼라고 형님들한테 저기를 하는데 또 일 저지르고 할까봐 이혼해줘 버리라고, 저러다 일낼까바 무섭다고 그렇게 나오더라구요, 배신감을 저도 느끼고… 어머님이 어떻게 저러실 수 있을까 서운하더라구요(중략), 그렇게 하는 자체가 괘씸하더라구요, 도저히 용납이 안 되더라구요(중략),
> 가장 힘들었던 게 내가 어떻게 살았는데 나한테 이렇게 할 수가 있는가? 배신을 때려도 유분수지 너무너무 화가 나고 복수심이라고 할까? 오기심도 생기고 그랬거든요.

⑤ 건강 악화

결혼 생활의 어려움으로 절망 상태에 빠진 참여자들은 몸이 극도로 쇠약해지는 등 건강이 악화되었다.

> 그 분노가 백프로 이중으로 오더라고… 그때 쓰러졌지 아파서 3년 동안 침대에 누워서 앓았어, 갑상전이 악화가 되어 가지고… 정신이 우선 지쳤던 거 같애.

3) 맥락적 요인: 결혼 생활의 어려움

맥락적 요인이란 어떤 현상에 속하는 일련의 속성들의 구체적인 세트를 나타내는 것으로, 차원의 범위에서 어떤 현상에 속하는 사건들의 위치이다. 이러한 맥락적 요인은 작용/상호작용 전략을 다루고, 조절하고, 수행하고, 어떠한 현상에 대응하기 위해 취해지는 구체적인 상황이다.

　본 연구에서 맥락적 요인은 참여자들이 결혼 생활에서 느끼는 여러 어려움으로 나타났다. 즉 참여자들은 결혼한 후 남편이 전화도 없이 늦거나 집에 들어오지 않을 때 자신이 무시당한다고 느껴 힘들어했다. 결국 여러 번의 외도 끝에 이혼해 달라고 조르면서 아이들 앞으로 모아놓은 통장까지 털어서 다른 여자에게 갖다 준 남편으로부터 절망을 느꼈다. 평소에는 아들보다 며느리를 더 칭찬하며 좋아하는 것같이 행동하던 시댁 식구들이 남편이 사고 칠까봐 자신에게 이혼을 해주라고 권유하는 것을 보면서 섭섭함과 증오심을 느끼고 이혼을 결심하기도 하였다. 또 아버지로부터 전혀 들어보지 않았던 욕설을 남편으로부터 들었을 때 치욕스러웠는데 폭력이 점점 심해져 자신과 아이들에게 화학 약품까지 들이붓는 남편으로부터 도망쳐서 쉼터에서 도움받으며 이혼을 신청한 참여자도 있었다. 장차 사위의 외도로 딸이 외롭게 산다는 점괘를 본 친정엄마의 반대를 무릅쓰고 결혼했으나, 결혼 후 1년도 안되어 시작된 남편의 외도가 갈수록 잦아지는데다가 아버지로서의 역할을 부담스러워하는 남편에게 분노를 느낀 참여자도 있었다. 대학을 나오지 못한 열등감으로 인하여 학벌이 좋은 며느리에게 비수같이 꽂히는 주정을 하는 시어머니에게서 상처를 받고, 아내를 삶의 동반자라고 여기기보다 단지 애를 낳아 키우는 도구적인 존재로만 생각하는 남편으로부터 절망의 심연을 느낀 참여자도 있었다. 참여자들은 이런 많은 문제점들에 부딪히면서 자신의 존재성이 무시당하는 것을 가장 힘들어했다.

본 연구에서는 결혼 생활의 어려움을 그 출처에 따라 남편 자신의 문제인 '남편의 문제', 참여자와 남편의 관계에서 오는 어려움인 '부부간의 문제', 며느리로서 일방적으로 겪게 되는 '시댁과의 갈등', 그 외에 환경적 어려움이나 경제적 어려움과 같은 '부차적인 어려움'의 범주로 구분하였다.

이렇게 대상자들이 겪은 결혼 생활의 어려움은 각각 독립적으로 발생하기보다는 여러 문제가 복합적으로 존재했다. 또한 이러한 문제들은 결혼 생활 전반에 걸쳐 해결되지 않은 채 지속되거나, 오히려 시간이 갈수록 더욱 심화되는 것으로 나타났다.

(1) 남편의 문제

결혼한 여성이 가장 힘들어하는 어려움은 남편과의 관계에서 비롯된 문제들로, 많은 참여자들이 "시댁과의 갈등도 힘들었지만 이혼 사유의 핵심은 남편과 자신에게 있었다"라고 회상했다. 예전에는 결혼을 하면서 여성에게 아내와 며느리, 어머니로서의 역할이 부여되고, 또 그 역할 수행의 중요성이 강조되는 것을 당연히 여겼지만, 부부의 정서적 유대관계를 강조하는 현대 사회의 분위기 속에서 결혼한 여성은 남편과의 관계를 중요시 여긴다. 하지만 직장에서의 성취를 최우선으로 여기고, 가정을 부차적으로 여기는 남성들은 이런 아내의 기대와 바람을 읽지 못하여 부부는 어긋난 각자의 길을 가게 된다.

남편의 문제로 가장 대표적인 것은 폭력과 외도이었으며 이 외에도 남편의 권위적인 태도, 가정 생활에 대한 무책임성 등이 참여자들을 힘들게 하는 남편의 문제였다.

① 남편의 폭력

가정폭력은 재판 이혼의 원인에서 배우자의 부정 행위 다음으로 큰 비중을 차지하는데, 가정 내에서 권력을 가지고 있는 사람이 폭력을 통해서 권력을 행사하는 것으로 일반적으로 여성이 피해자가 된다. 폭력은 대부분 반복되면 그 강도가 더 심해지는 것으로 나타났고 때로는 자녀들 앞에서도 폭력이 행사되고 심한 경우 자녀들도 폭력의 대상이 되었다. 폭력을 당하는 참여자들은 처참함, 비굴해짐, 존재가 파괴됨을 느꼈다.

전에 몇 번 손댄 적은 있는데… 딱 그렇게 애 낳고 나서 자주 그랬었던 적은 없었고 이제 과격하게 성질나니까… 그런 횟수가 잦아지더라구요(중략), 가정에서 폭행도 당하고… 남편은 그 통장 달라고 하고… 난 안 뺏길라고 하는 과정에서… 목졸라 목을 누르기도 하고… 때리기도 하고… 그런 일이 번번이 있었던 거 같아요… 몇 번 힘들 때마다 돈 해내라고 돈을 안 해주니까,

제가 이혼을 해야겠다고 마음먹은 건 그~저 남편의 구타때문이에요(응~) 그니까 그게 그런 얘기를 하면 남들은 다 안 믿어요, 어차피 그 사람이 그럴 리가, 굉장히 착하게 생겼거든요, 평소엔 아주 순하고 애기같이 순진하고 나쁜 사람은 아닌데, 근데 뭔가 자기가 상황이 몰리면, 별다른 해결책이 없다고 생각되면 성질이 욱 하고는 주먹이 먼저 나가는 거에요, 그러니 그게 처음… 자꾸자꾸 잦아지는 거죠 그런 것들이… 굉장히 잦아지고 나중에 제가 어떻게 저도 거기에 인제 두려움과… ,그 진짜 그렇더라구요, 폭력이 얼마나 인간을 참 그~쫄아들게 만드는가, 무력하게 만드는가, 그런 걸 너무나 절감을 했죠, 둘의 인간성이 다 파괴되는 것을 느끼겠더라고요, 맞는 나도 때리는 그 사람도… 심각한 상태까지 갔어요,

이 남편한테서 폭력이란 거는 임신했을 때 3개월이었는데 남편이 외박을 하고 들어왔어요, 그래 갖구 나는 입덧이 너무 심하고 힘들었는데 남편이 어디 가서 놀다 오더래두 얘기라두 해주지 아니면은 응? 쫌 이렇게 뭐라 그럴까 왔다라두 가지 이렇게 항상 쉼 없이 늦게 들어오니깐 내가 아침에 좀 신경에 예민하게 남편을… 남편한테 이야기를 했어요, 어디 가서 있었는지 모르지만 그래도 내가 이렇게 임신해서 입덧하면은 쪼끔이라도 쫌 그래도 그렇게 하면 안 되지 않냐고 어디 갔었냐고 막 다그쳤어요, 그랬더니 (2초)

배를 발로 찼어요, 자기 자식이 들어있는 배를.

② 남편의 외도

우리나라 사회분위기는 남자의 외도에 대해 관용적이며, 여성의 입장에서도 남편의 일회 또는 상습적이지 않은 외도를 문제시하는 경우는 드물다. 본 연구에서도 참여자들은 남편의 단발성 외도만을 가지고 이혼을 결정하지 않았는데, 대개는 한 번 시작된 남편의 외도는 반복되었고, 이 반복되는 외도가 결국 이혼 결정에 많은 영향을 미친 것으로 나타났다.

그런 담에 알게 된 사실에 대해 남편이 딴 여자랑 뭐 어쩼다 이런 얘기를 나중에 알게 되었어요, 이해는 해요, 자기도 힘드니까 이렇게 밖에 나와서 어떤 출구를 찾는 거겠지, 그거 듣고 배신감도 들더라구요, 이제 뭐… 뭐… 이혼을 마음속으로 생각하면서 야~진짜 더 이상 못살겠다.

그렇다고 뭐 한 여자를 꾸준히 사귀는 것도 아니고 그 여자가 미모가 출중하고 뭐 어린 여자도 아니고 나보다 열 살이 많다거나 어처구니없게 뭐 옛날에 빵 기술 배웠던 사모님이라던가 우리 제과점 단골손님이라던가 뭐 이러면서 골고루… (중략) 이렇게 지속적으로 연결된 여자가 3개월 단위로, 다른 여자가 있더라구요, 확인은 했죠.

우리 얘기 돌 지나기 전이었던 것 같아요, 시작이에요, 여자문제가 시작이 됐는데… (중략)
어머니 하고는 계속 이렇게, 이렇게 그런 갈등들이 계속 있는 상태에서 중간에 이제 이 사람이 불을 더 질러 준거죠, 그니까 계속 핑계는 그거 엄마랑 부딪히고 하니까 집에 들어오기 싫다 그래서 놔둔 거고, 당시 얘기하는데 근데 또 20살짜리랑 바람이 났었어요, 그때 당시 30이었고 20살짜리하고 바람이 났는데 몰랐죠.

대한민국에서 해볼 수 있는 건 다해봤다, 그야말로 요정에 가서 자기 혼자 가서 아주 그냥 상을 차려 놓고 나서 이 여자들 이렇게 하고 놀아봤다, 그렇게 얘기하더라구요(중략).
항상 그런 말을 했어요, 자기가 바람을 폈어도 마음은 주지 않았다…

③ 권위적인 남편

본 연구에서 참여자의 남편들은 결혼 전에 보였던 허용적인 태도, 그리고 모든 것 특히 어려운 일을 같이 나눌 것이라는 기대와는 달리 결혼 후 자신이 가정의 중심이며 아내를 자신의 보조자로만 여기는 가부장적인 모습을 보인다.

④ 가정생활에 무책임한 남편

여성들은 결혼 후 남편이 가장으로서 집안의 경제적인 면을 책임 져 주기 원하며 자녀들에게 아버지 역할을 잘 수행해주기를 기대한 다. 하지만 대부분의 참여자들은 결혼할 때 가졌던 앞날에 대한 기대 나 꿈과는 달리 경제적인 측면에서 남편의 무책임한 태도로 인하여 힘들어하였다. 또한 참여자들은 남편이 연락도 없이 늦게 들어오거나 안 들어오는 것, 같이 맞벌이를 해도 집에서 전혀 집안일을 도와주지 않는 것, 특히 자녀들에게 아버지 역할을 잘 하지 못하는 것 등에 대 해 힘들어하고 실망하였다.

남편의 경제적 무책임성

한 참여자의 남편은 경제적 책임감이 부족하여 능력이 있음에도 불구하고 처가의 도움만 바라며 취직하기를 거부하였고, 또 다른 참 여자의 남편은 대책 없이 카드를 사용하여 번번이 참여자가 해결해 주어야 했다. 또한 한 참여자의 남편은 뭐든지 같이하면서 집안을 꾸 려나가려는 아내의 기대를 저버리고 무책임하게 하던 장사를 집어치 우곤 한다. 더구나 한 참여자의 남편은 직장을 자주 나와 생활비를 가져오지 않는 공백이 생겨 가족의 생계가 힘들었고 급기야는 카드

빚을 많이 진 후 외국으로 도망가 버린다. 참여자들은 이러한 남편들의 무책임한 태도에 대해 심리적으로 화가 나거나 걱정을 하면서 남편과 싸우거나 잔소리를 하게 되었고 현실적으로는 가정경제를 책임지거나 빚을 갚아야 하는 이중고, 삼중고를 겪게 된다.

> 나는 남편이 직장을 들어가길 바랐지만 남자 매일 이력서를 썼어, 그때 너무너무 그 사람이 나를 실망을 자꾸 시켜갔고 정말 그랬으면 좋겠는데 죽어도 안하는 거야(중략).
> 녀희 집에서 인제 도와주고 그러면 내가 뭐 할 텐데 어 기껏해야 내가 너 좋으라고 내가 직장생활 남 좋은 남 밑에 들어가서 노예생활을 하란 말이냐? 이거였는데, 그게 내 상식으로는 도저히 납득이 안됐지, 계속 그 갈등 때문에 직장 들어가기 원했는데 그 사람은 끝까지 이 핑계 저 핑계 대가지고 안가고 누워 있더라고…
>
> 이제 거짓말이, 어떤 핑계를 대면은 저는 그걸 그대로 믿었거든요, 근데 나중에 알고 보면 그런 거짓말이란 게 어떤 계기로 해서 들통이 나고 그런 횟수가 많아졌구요, 점차적으로 인제 그 카드 카드를 쓰는 저기가 카드를 몰래 만들어가지고 카드빚이 조금씩, 조금씩 있다는 거를 알게 됐어요, 처음에는 그러지 말라고 가르쳐주고, 가르쳐주고 했는데도 그걸 못하고 꼭 상의를 안 하는 거에요,
>
> 늦지, 자주 외박하지, 뭐 벌려 논 일 제대로 성실하게 안하고 내가 다 수습해야 되지, 모든 안 좋은 조건이란 조건은 다 갖췄어요,

잦은 외박

잠은 반드시 집에서 자야 한다고 믿는 한 참여자는 아무 연락도 없이 늦게 들어오거나 외박을 하는 남편에게 그러지 말라고 잔소리를 하였으나, 그럴수록 남편은 아예 짐을 싸가지고 나가서 며칠씩 잠적해 버리곤 하였다. 또 다른 참여자의 경우는 임신한 상태에서 남편이 말 없이 잠적해 버려 황당하고 두렵기도 했으며, 이를 안 친정에서 이혼을 거론하기도 하였다. 이후에도 남편이 자주 집을 나가다가 아

예 아무 말 없이 외국으로 가버린 경우도 있었다. 참여자들은 이런 남편의 태도를 통해 자신이 무시당하고 있다고 생각하며 힘들어하였다.

> 00으로 출장을 가더니… 첨에는 일주일에 한번씩 이렇게 올라오고 하더니… 나중에는 한달에 한번… 카드로 낚시 사고… 뭐 사고… 해가지고 총각처럼 사는 거예요… 카드빚은 절대 못갚아도… 부부가… 싸우더래도… 부부가 등을 맞대고 딴 방향을 불지언정 잘지언정 한방에 자거나 그래야 되잖아요 그랬어요… 집싸가지고 나가버려요… 그래서 몇날, 며칠 안 들어오고… 잠적해버리고 연락도 안 되고,

> 음 아빠하고 무슨 일이 있으면 둘이서 이제 크게 싸우지는 않으니까 삐지면 얘네 아빠는 나가구요 또 어딜 갔다가 삐지면 그냥 먼데 가버려요 우리 버려두고 아들하고 나하고(중략)
> 남편이 그로부터 6개월 뒤에 집을 나갔거든요, 그때부터 계속 집에 띄엄띄엄 들어왔었고요, 가족을 돌보지 않는 상태였고, 그랬어요… 그때부터 계속 띄엄띄엄 들락날락 하더니 아들은 이혼 안 된다 그러고 그러니까 음… 00년 0월에 편지하나 써놓고 나갔어요, 그래서 음… 다음에 전화가 저한테 온 거는 한 2, 3번밖에 안 되구요,

부부 역할의 불공평한 수행

자신의 일을 하고 싶은 마음과 부족한 남편의 수입으로 직장 생활을 하게 된 한 참여자는 시댁에 들어가 살면서 아무리 자신이 바깥일을 해서 돈을 벌어 와도 인정받지 못하고 혼자서 살림을 도맡아 해야 하는 것을 당연히 여기는 것 때문에 많이 억울하고 힘들어 하였다.

> 온갖 정성을 다 들여서 밥을 하게 되면 국 끓이고 뭐하고 다 해서 반찬 다 마련해 놓으면 딱 한번 먹어보고 숟가락 탁 내려놓고 찬물에 물 말아서 김치에다가 먹구 끝내는 스타일이에요, 그런 거 때문에 굉장히 스트레스를 많이 받고 처음 초반부터 쌓였던 중에 서로 갈 때까지 가서 각 방 쓰고 이렇게 해서 까지 지냈어요, 정말 불공평하다고 생각을 한거야, 자기는 청소 한번하지도 않고 설거지 한번 뭐 한번 하지도 않으면서 요구하는 건 굉장히 많으니까, 그리고 애 양육이나 이런 것도 다 저희 엄마랑 저가 왔다갔다 하면서 했지, 하는 게 하나도 없고…

아버지 역할 수행의 문제점

많은 참여자의 경우 남편이 아버지로서의 역할을 잘 수행하지 못하는 것을 큰 문제로 여겼다. 특히 한 참여자의 경우 남편이 평소에도 애들을 위해 과자 한 봉지라도 사다주는 모습을 보여준 적이 없는데다가 애들 앞으로 모아 둔 통장을 자기 마음대로 해약하고 다른 여자에게 갖다 주는 것을 보고 결정적으로 이혼을 결심하게 되었다. 또 다른 참여자는 외도를 반복하는 남편이 아내인 자신을 부담스러워하는 것까지는 이해하지만, 하나밖에 없는 딸아이까지 부담스러워하는 것에 실망하고 더 이상 기대할 것이 없다고 느꼈다.

> 그래서 가정이란 게, 어떻고 전 엄마의 역할이 어떻고 아빠의 역할이 어떻고 형제의 역할이 어떻다는 게 있어야 되는데… 이렇다는 것을 못배우고 자랐다는 거… 그래서 제가 어쩜 자식한테 이럴 수 있냐… 최소한 이정도 해야 되지 않겠냐, 과자 한 봉지라도 들고 오는걸 보여줘라, 최소한 아이들이 저기하면 한번쯤 안아주고 자기는 아빠를 어떻게 해줘야 될지 모르겠데요… 한편으로는 이해가 가더라구요, 본 게 없으니까… 그래도 이렇게 하면 되는 거야… 근데 익숙하지 않으니까 그걸 잘 못하더라구요(중략).
> 이혼을 하게 된 건 어떤 계기가 됐냐면 OO, OO 앞으로 제가 천사백인가 돈… 통장을 애기때부터 친척들 오거나 애들 용돈하라고 주고 그러잖아요 백일, 돌 한 거를 반지고 뭐고 앞으로 애들 앞으로 계속 이만 원, 삼만 원씩 모아둔 게 있어요, 백일 반지 판돈도 들어갔고 그리고 돼지저금통장 모으면은 한번에 한 60만원 나오잖아요, 그런 거 털어서 이제 OO, OO 나눠서 이렇게 주고 이제 설 같은 때 세뱃돈 받으면 이십 얼마까지 되고 그러거든요, 그런 거 무조건 모았어요, 그러니까 그 돈이 천사백만 원인가 됐는데 얘네 아빠가 결정적인 계기가 된 게 이 돈을 우리나라 사회가 여러 방면으로 문제가 많은데 애들 통장이잖아요, 근데 주민등록등본만 떼면 애기아빠잖아요, 그냥 해약을 해줘 버리는 거예요, 돈을, 해약이 돼버린 거예요, 나 그거 보고 정내미가 뚝 떨어져버렸어요, 넌 인간도 아니다…
> 그러더니 부담스럽데, 나하고 딸이, 저까지는 상관없는데 딸래미 딱 애기를 하는데 와… 이게 픽픽 도는 거예요, 완전 니가 그러고도 애비냐? 그러면서 생각해가지고… (중략)
> 이 사람한테서 불만 중에 하나가 애기한테 약속을 했던 거 깨는 거… 0월 00일에 애기랑 자기가 먼저 보자고 약속을 걸어 놓고는 또 애기는 그거 막

기대하고 있었는데 또 취소를 딱 해버리는 거에요(중략),
근데 정작 불만이었던 건 아이에 대한 것들이 제일 불만이었거든요, 아이
를 입으로는 너무 사랑하는 것처럼 얘기를 해요,

(2) 부부 간의 문제

위에서 살펴 본 남편의 문제가 대부분 남편의 일방적인 문제인 반
면 참여자들은 배우자와의 관계에서 오는 어려움으로 인해서도 힘들
어하였다. 이것은 배우자 중 어느 한쪽의 문제라기보다는 둘의 차이
점을 상호보완해 주지 못하고 오히려 서로를 힘들게 할 때 느껴지는
어려움으로 주로 성격차이, 가치관의 차이에서 오는 어려움에 속한다.

① 성격 차이

예전보다 개인의 삶의 질이 중요하게 여겨지면서 이혼 사유 중 성
격 차이가 차지하는 비중이 점점 높아지고 있다. 본 연구에서도 많은
참여자들은 외면적 이혼 사유는 성격 차이라고 표현했으며 남편과의
성격 차이에서 오는 어려움 특히 부부 간의 서로 다른 점을 남편이
반복하여 지적하는 것이 상처가 되었다고 하였다.

② 가치관의 차이

성격의 차이는 물론 서로가 중요하게 여기는 것이 다른 가치관의
차이도 결혼 생활에서는 어려움으로 작용한다. 한 참여자는 남편의
가부장적 가치관과 자신이 생각하는 부부의 동반자적 가치관이 상충
하였음을 지적했으며, 또 다른 참여자는 신앙을 중요하게 여기는 자
신과 세속적인 것을 좋아하는 남편의 가치관이 달라 서로 힘들었다
고 말했다.

너무 아이한테 집착하는 것 때문에 남편이 또 소외감을 느끼지 않았을까? 그런 생각도 들었고 저는 또 이렇게 신앙으로 사는 사람이라 어떻게 보면 좀 세상적으로 즐겁게 살고 싶은 우리 남편은 그런 게 많거든요. 그런 사람이 볼 때 너무 상이해서 살기 힘들었을 꺼에요. 제가 볼 땐 남편은 나쁜 사람이 아니라고 생각하거든요. 남편도 잘 맞는 사람을 만났더라면 재밌게 잘 살수 있었을 꺼라고 생각해요. 서로 이렇게 사이클이 안 맞는다고 해야 하나요?

(3) 시댁과의 갈등

남편의 문제점으로 인한 어려움 외에 시댁과의 갈등이 결혼한 여성들에게는 적지 않은 어려움으로 다가온다. 자신이 자라온 가정과 다른 시댁의 분위기나 문화 자체가 여성들에게는 부담이 될 뿐만 아니라 시댁의 가부장적인 문화가 강하여 며느리인 참여자에게 많은 의무만 부여될 뿐 존재는 인정받지 못하는 경우, 여성은 갈등하고 힘들어하며 희생당한다는 느낌을 갖지 않을 수가 없다. 또 남편이 시부모와 밀착되어 있는 경우에는 소외감을 느끼게 되고 남편이 자신의 편이 되어 주지 않는 상황에서 심한 외로움을 느끼게 된다. 특히 시부모에게 정신적 문제가 있거나 며느리에게 경제적 기대가 큰 경우에는 갈등이 훨씬 더 심해졌다. 한 참여자의 경우 남편과의 갈등이나 남편의 폭력이 시댁과의 갈등에 기인한 것이라고 진술하였다.

그러니까 이젠 거기다가 집안에 대소사 챙기는 거에다가 하여튼 시댁 어른들과 마찰이 굉장히 많았어요. 특히 시어머니하고도… 우리 사회에서 여자들에게 부여되는 온갖 가부장적인 과제가 제 한 몸에 가득했거든요(중략). 하여튼 전부 시댁과의 갈등때문이에요. 하여튼 시댁얘기만 나오면 이 사람 거의 머리가 도니까 그 뭔… 말다툼을 하다가 그러다가 한대 맞은 거 같은 데… 그게 처음에는 그냥 따귀 한대가요 나중에는 주먹이 되고 그게 나중에는 사람을 밟아요. 목을 조르거나 뭔가 할 수 있는 온갖 자꾸자꾸 강도가 높아져요.

(시댁과) 한 집 건너 집에 살았는데 우리 시어머니가 여기를 굉장히 오랫동안 사셨어요, 그니까 동네가 다 알죠, 그 왜 동네 시집살이라 그래서 내가 하는 행동이 다 들어가는 거…

심지어는 어땠냐면 내 남편하고 장을 같이… 시장을 같이 보고 오면 장을 들어 줄 수 있잖아요, 남자가 들어주는 게 어때요? 장 들어 주더라 그것까지 다 들어가는 거죠, 그런데 그거 갖고 크게 말썽이 된 건 없는데 시어머니는 미움이 쌓이는 거에요, 가뜩이나 미운데 그렇다고 이제 또 제가 어땠냐면 그러면은 시어머니 입장에서는 그런 주제에 들어왔으면 잘하고 잘 보이고 이래야 되잖아요, 그죠? 근데 제가 그런 성향이 아니잖아요, 오히려 저는 어땠냐면 강자한테 강하고 약자한테 약한 스타일이에요 제가, 그니까 그런 시어머니한테 내가 어떻게 막 막 이렇게 해가지구 어 마음 돌리구 그러지를 못하는 거죠, 안 하는 거죠, 그리고 어 기존의 여성들이 하는 막 여자들이 해야 되는 시집… 결혼해서 막 이런 거에 안하고 싶은 거죠(중략), 근데 나의 그런 모든 건 완전히 무시되는 거잖아요, 나의, 앞으로 내가 살고 싶은 그런 미래의 내 삶과 우리 시부모가 나한테 요구하는 삶은 완전히 상반되는 거였어요,

(4) 부차적인 어려움

위에서 살펴본 남편, 시댁과의 관계에서 오는 어려움 외에 경제적 측면이나 열악한 환경에서 오는 어려움도 결혼 생활의 어려움을 가중시켰다고 볼 수 있다.

① 경제적 어려움

참여자들은 결혼 생활의 어려움이 돈 문제와 관련이 있다고 진술하였다. 한 참여자의 경우 남편의 해직 사실을 시댁에 숨기려고 예전보다 두 배, 세 배 더 많이 아르바이트를 하면서 시부모님의 생활비를 드려야 했기 때문에 자신들은 경제적으로 너무 힘들어졌고 이것이 결혼 생활을 어렵게 했다고 회상하였다.

아르바이트를 예전보다 두 배, 세 배를 해갖고 우선 시어른들 생활비 보내드려요, 그런 다음에 나머지 갖고 우리가 사는데 우리는 거의 굶어 죽는 기아

선상이야, 그러고 몇 년을… 그렇죠, 그렇게 하다보니까 저도 너무 힘든데… ,

② 환경적 어려움

때로는 결혼 후 시댁과 좁은 집에서 함께 지내야 하는 것이 심리적, 신체적 어려움을 가중시켰다.

4) 결혼 후기: 결혼을 포기하게 되는 시기

결혼 생활의 후기는 극한의 절망을 느끼는 절망기의 후반부에서부터 시작하여 극복기를 거쳐 진정한 자기를 찾게 되는 탈각기까지의 시기로 결혼을 포기하게 되는 시기라고 할 수 있다.

참여자들은 절망기의 극한의 절망 상태를 전환점으로 결혼을 포기하게 되는 시기인 결혼 후기로 들어서게 된다. 진정한 자기를 찾기 시작하는 '극복기'에 들어서면서 참여자들은 남자 친구를 만들거나 별거를 시도하는 등의 방법으로 '돌파구 찾기', 결혼 생활의 어려움을 혼자만 견뎌오던 것에서 벗어나 가까운 친지들에게 어려움을 토로하고 도움을 구하거나 비로소 상담소나 정신과를 방문하여 전문적인 도움을 구하는 등의 '적극적으로 도움 구하기', 그래도 나중에 후회하지 않기 위하여, 배우자의 변화에 대한 일말의 희망을 버리지 못하여 '마지막 기회 갖기', 그리고 '이혼에 대해 정당화하기', '이혼 준비하기' 등의 대처방법을 사용한다.

참여자들은 결혼 생활의 어려움과 끝까지 맞서서 최대한 노력하다가 자신들에게 부여된 강요된 자기를 박차고 나와 진정한 자기 찾기를 하는 '탈각기'단계에 이른다. 탈각(脫殻)이란 껍질에서 벗어난다는 뜻으로 낡은 사상이나 생활에서 벗어난다는 것을 의미한다. 탈각기에 이른 참여자들은 '나 찾기'와 '자유 찾기'를 경험한다.

(1) 극복기: 밑바닥 치고 오르기

밑바닥까지 내쳐진 상태에서 참여자들은 극한의 절망을 원동력으로, 혹은 '내'가 생겼기 때문에 밑바닥 치고 오르기를 한다. 이 단계에서는 이미 마음이 닫힌 상태로, 나중에 후회하지 않기 위해 또는 마지막으로 최선을 다했는지 확인하는 시기이다.

극복기에는 노력기인 안간힘쓰고 버티기 단계에서보다 좀 더 적극적인 대처방법을 사용한다. 즉 '돌파구 찾기', '적극적으로 도움 구하기', '마지막 기회 갖기', '이혼에 대해 정당화하기', '이혼 준비히기' 등의 대처방법을 사용하였다.

① 돌파구 찾기

자신들이 처한 어려움을 극복하기 위해 참여자들은 남자 친구를 만들거나 남편과 떨어져 있는 시간을 가져봄으로써 문제를 해결해 보고자 한다.

남자 친구 만들기

한 참여자는 남편의 외도가 반복되고 심해지면서 한편으로는 최선을 다하지만, 다른 한편으로는 남편의 심리를 알기 위해, 그리고 남편과의 정을 떼고 싶은 마음에 남자 친구를 사귀게 되기도 하였다.

> 그리고 나서 작년 0월 즈음에 그 친구를 만났거든요 남자친구를 만났어요.

제가 처음에는 너무 답답해서 남자들 심리가 도대체 왜 그런지 답답해서 남자들에게 때 막 물어 보고 다녔어요(중략),
처음에는 그런 쪽으로 갔다가 나중에는 사람을, 일부러 사람을 만나서 정을 떼고 싶기도 했었어요, 그런데 이 사람도 거기서 봤어요, 저보다 어리고 총각이고 그리고 유부남들은 무슨 일이 있어도 안 볼려고 했어요, 제가 겪은 게 있는데 제가 또 똑같이 다른 가정을 그렇게 해야 한다는 것 자체가 너무 싫어서 유부남은 안 만날려구요, 장난치면서 넘어갔는데, 이 친구는 총각이고 또 미안하죠, 좀 그런데 누나, 누나 이러다가 친해졌는데 그게 작년 0월 OO휴가때 그때 처음 보기 시작했거든요 이 친구를,

별거하기

많은 부부의 경우 이혼의 전 단계로서 별거 기간을 갖는다. 즉 이혼을 결정하기 전에 별거를 제의하여 남편과 떨어져 있는 기회를 가졌다.

그때 어떻게 했냐면, 음, 그때, 이혼 절차 밟은 건 아니고, 어, 그렇게 별거하고 싶었었나봐,

이미 제가 너무 힘드니까 당분간은 떨어져 있자 해가지고 남편이 그때 뭐~ 아는 선배 사무실 같은데 가가지고 있으면서…
계속 둘이 정말 막 말도 안하고 막 잠도 같이 안자고 얼굴도 마주치지도 않고 그러다 보니까 나중에는 이러다가 정말 아무것도 안되겠다 싶어서 그래서 서로 좋자고 별거를 시작한 거였어요, 그러고 있으면 좀 낫지 않을까? 별거하게 된 결정적인 이유도 여자문제 때문이었고,

② 적극적으로 도움 구하기

아무리 결혼 생활이 힘들어도 친정에는 얘기하지 않았던 참여자들이 친정엄마와 상의를 하게 되고, 정신과나 전문적인 상담 기관을 방문하여 적극적으로 도움을 구하기도 하였다. 즉 한 참여자는 종교로 인해 이혼은 안 된다고 생각해 오다가 목회 상담을 하는 목회자를 찾아가 이혼에 대해 처음으로 상담하였다. 이러한 참여자들의 행동은 결혼의 어려움이 나타나는 초기에 이혼을 창피하게 생각하여 혼자

고민하던 것과는 달라진 변화이며, 참여자들은 전문 기관의 상담을 통해 편안함과 위로를 느꼈다고 하였다.

그 와중에 상계동에 있을 때 정신병원 다니고 그랬을 때잖아(중략), (정신과에) 가게 된 건 너무 스트레스가 많아서… 글 쓰는 도중에, 그니까 도중에 글도 힘든데다가 준비되지도 않은 작가잖아, 내가, 그런데다가 남편하고는 힘든데다가 여러 가지로 너무 힘든 거야 힘들어서, 집안문제 이런게 해결을 할 수가 없어가지고 그냥 힘들어 간 거야, 그래서 뭐가 문제인지 차근차근히 어떻게 해야 하는지 내가 이혼을 해야 되는가? 안 되는가? 정리가 안돼, 그래서 이런 상황에 어떻게 하면 좋겠냐? 물어 보러 간 거지,

여성 성폭력, 폭력 그런 거 있잖아요, 그런 거 이제 좀 연락처 같은 것도 이렇게 해서 이런 거 이제 해가지고 막 상담을 다니고 그런 계속 법원 쫓아다니고 그랬었어요(중략),
결국은 도움을 받고 싶었는데… 결국은 내 자신이 결정을 내려야 하는 거구나 많이 저기 했었어요… 그래서 정신과를 갔었는데 거기서도 인제 우선 내편이 많이 되어 주잖아요, 가슴에 쌓인 얘기를 할 수 있었으니까… 편했던 거 같아요…

그 이혼과정소송 들어가기 전에 제가 가정사역하시는 어떤 목사님을 만나서 제가 상담을 했어요, 왜냐하면 믿는 사람으로서 가장 궁금했던 게 뭐냐면 이혼을 하나님께서 싫어하는 건데 이혼을 해도 되는지 그게, 좀 알고 싶어가지고 상담을 했었거든요,

③ 마지막 기회 갖기

최대한 노력을 했지만 극한의 절망 상태에 다다른 많은 참여자들은 그 절망의 상태에서도 나중에 후회하지 않기 위해, 그리고 자신과 남편에게 최선을 다했다는 것을 확인하기 위한 마지막 기회를 갖는다.

시아버지 영정 앞에서 막 내가 마음속에 다짐을 했어, 내가 남편을 다시 받아들이고 당신한테 미안하니까 받아들이고 한번 다시 잘해보겠다, 힘들지만, 난 해보겠다, 그렇게 마음먹었어,

이혼을 결정하고 그래도 남편한테 마지막 기회를 더 줘야지… 그래도 뭔가 여지가 있지 않을까 그래서 1년 동안 더 있었어요, 더 같이 살았고, 근데 뭐 그게 하나도 개선이 안 되고 남편은 뭐랄까 갈수록 생각이 평행선인거 에요,

정말 그 사람이 원한 거는 별거 아닌 거고 작은 걸 수도 있는데 나중에 정말 헤어지게 되면 나중에는 제가 후회할 것 같더라구요, 그니까 제 입장에서도 최선을 다 해보지 않은 상태에서 제 스스로 만족할 때 제가 최선을 다 해 보지 않은 상태로 그리고 뭐 끝을 맺어버리면 나중되서는 정작 내가 진짜 후회하고 뒤돌아보고 그럴 것 같아서 할 수 있는 데까지 저도 한번 최선을 다해보고 싶어 갖구 무릎 꿇었어요, 무릎꿇고 한번만 기회를 줘라, 이랬어요 니가 원하는 게 뭔지 아니까 내가 한번 최대한 노력해보자, 그리고 그렇게 노력을 했는데도 니 성에 안차고 그게 정 아니다 싶으면 그때 가서 하자, 그때 가도 안 늦으니까,

④ 이혼에 대해 정당화하기

종교적인 이유로 이혼을 망설이던 참여자들은 결혼이 '하늘의 법이 아니라 인륜'이라는 생각의 전환과 '간음은 죄지만 이혼은 죄가 아니다'라는 목회자의 말에 힘입어 이혼을 정당화하였다. 또한 참여자는 결혼 이후로 자신이 한번도 행복하지 않았으며, 자신이 행복하지 않았다는 것은 남편과 자녀 모두 행복하지 않았음을 의미한다는 것과 이것이 미래에도 계속될 것이라는 생각에 이르게 되자 이혼의 정당성을 더욱 확신하게 되었다.

그런데 하나님이 보기에나 누가 보기에나 엄마 없어서 이렇게 힘들어서 이렇게 판단을 못하지, 엄마가 계셨더라면 정말로 나를 그렇게 했을 것이고 나부터도 그게 진심이고 절대 잘못했다고 생각 안 하고 최선을 다했으니까, 안되는 건 안 되는 거고 결혼이라는 게 하늘의 법도 아니고 인륜인데 안 되는 건 안 되는 거지, 아닌 건 아닌 거지, 그렇게 살수 없고 (중략), 아, 그래서 내가 이혼을 해야 되는 거구나, 그렇게 생각을 했어, 그러니까 나를 위해 줘야 한다는 생각을 하기 시작했지,

상담을 많이 하시는 목사님이신데 한마디 해주신 게 음… 간음을 죄지만

이혼은 죄가 아닙니다라고 이렇게 분명하게 말씀해주셨어요. 그래서 예… 마음도 결정을 가볍게 했구요. 저는 어떤 면에서 보면 하나님께서 허락하신 이혼이었다라고 그렇게 생각하고 있어요.

제가 그때부터 인제 그 이혼이란 문제에 대해서 좀 생각을 많이 해 보게 됐어요. 그런 이혼의 문제를 생각하게 되니깐 내가 과연 행복한가? 그럼 내 남편은 행복한가? 그럼 이렇게 지속적인 삶을 누렸을 때 내 가족 내 아이는 행복할 것인가? 그런 문제를 좀 제가 고민을 하게 되더라구요. 그래서 그때부터 나의 결혼 생활을 쭉 생각해 보니까 난 한번도 행복한 적이 없었다. 그니까 내가 행복하자니까 내 남편도 행복하지 않았고 우리는 한번도 행복한 적이 없었다. 그런 고민이 되면서 '이렇게 살기 싫… 그니까 앞으로 내가 여기서 더 이런 모습으로 살면 미래의 모습이 어떨까?'를 생각하게 되더라구요. 근데 미래가 너무 뻔했어요. 나의 미래가, 그니까 미래도 나는 행복하지 않을 것이다. 라는 결론이 났죠. 그래서 이혼을 해야 되겠다. 어떤 자유를 얻고 싶다. 그러면서 이제 아이가 많이 걸렸죠. 아이가 많이 걸렸음에도 불구하고 이미 마음정리가 그렇게 되니깐 마음 정리가 그렇게 되니까 이혼을 해야 되겠더라구요. 더 이상은 더 못 견디겠더라구요 일단 마음의 정리가 되니까 그 생활이 더 못 견뎌지더라구요. 그래서 그때부터 이제 이혼을 하기위한 그런 것들을 좀 했죠(중략).
뭐 근데 그 사람을 더 많이 생각해서가 아니라 물론 나를 더 많이 생각해서 한거고 내가 이혼을 하는 그걸 합리화시킬 수 있는 과정에서 이제 그런 생각까지 든 거였죠.

⑤ 이혼 준비하기

자신이 처한 결혼의 어려움이 줄지 않고 남편의 변화도 불가능하다는 것을 느끼게 된 참여자들은 이혼을 망설이던 상태에서 마음속으로 점점 이혼에 대한 결심을 굳혀 가며, 직업을 구하는 등 구체적으로 이혼을 준비하였다.

자꾸 처음에 몰랐던 게 알아지고 확실해지니까 나는 점점 기회를 노린 거지, 끝까지 이제 내가 해보리라(중략).
아니야 그래도 역시 혼자 살면서 저렇게 당당하게 살면서, 저렇게 당당하게 살수 있다면 멋있는 거야, 그래 내가 그렇게 되면 되잖아, 이제 그렇게 하기 시작하는 거야, 각오를 쌓고 그 훈련을 자꾸 했어, 그래서 나는 이혼을 해야 한다고 확실하게 생각을 했고 그 사람 변했으면, 변했으면 하지만 변할 수 없다는 걸 알게 됐고…

그래서 안 되겠다 싶어서 서서히 준비를 했어요(중략).
제가 나 혼자 막 준비할 때 일단 나가서 그 이혼을 하기 전에 내가 나가서
생활할 수 있는 거를 마련하는 게 가슴에 와닿거든요… 그래서 일단은 나
가기 시작한 게… 식당 2달 나가고 내가 설자리를 하고 나서… 그때 가
서… 미리서부터 제자신의 홀로서기 준비를 했었어요… 이혼에 들어가기
전에… 자신을 테스트 해보고 싶었어요…

(2) 탈각기: 박차고 나오기

참여자들은 결혼 생활의 어려움과 끝까지 맞서 최대한 노력하다가
자신들에게 부여된 강요된 자기를 박차고 나와 진정한 자기 찾기를
하는 '탈각기' 단계에 이른다. 이 단계의 특징은 '박차고 나오기'로,
한 참여자는 이혼이 '사회관습에서 벗어나 진정한 자기 자신을 찾는
알 깨기'였다고 표현하였다.

① 나 찾기

거의 모든 참여자들은 표현은 조금씩 달랐지만 이혼에 대해 '사회
관습에서 탈출하여 자기 자신으로의 회귀', '내 본질대로 살기'라는
표현을 하였다. 또는 이혼 후 돌아보니 결혼 생활에는 자신이 없었다
고 하면서, 이후 자신이 할 수 있는 일을 할 수 있어서 좋고 결혼 상
태보다 당당하고 행복하게 살고 있다고 진술하기도 하였다.

돈을 목돈을 받았어, 점점 싫어지는데다가 돈을 목돈을 받으니까 돈이 딱
생기니까 이제 생길만큼 생긴 거야, 내 판단으로는 그러니까 이혼하고 싶
더라고, 그리고 그때 그 사람 하는 게 점점 그렇게 나오고 나는 그때 나는
정말 이제 정리할 때다 때가 왔다는 생각을 했어, OO이도 아빠하고 왜 살
아 울면서 그리고 OO이가 그러니까 힘이 생겨, 내가 생기더라고, 아 이제
됐다 이제 되는구나 생각이 들고 아~ 우리 OO이한테도 내가 옳은 모습을
보여줘야 해 이런 생각이 들고 그래서 이혼을 한거지(중략).

내 본질대로 사는 거지. 그러니까 있는 그대로의 나를 인정을 해야 된다는 의무감을 내가 가지고, 그걸 배웠어. 있는 그대로의 나를 받아들일 줄 알아야 한다는 생각이 들었어.

돌아보니까 결혼과정에서는 (내) 자신이 없었던 것 같아요. 이혼 후에는 물론 먹고 살기 위한 것도 있지만 내가 할 수 있는 걸 할 수 있어서 좋아요.

그리고 거기(현실의 관습)의 두께에 부딪혀서 내가 좌절했을 때 그러면 나를 포기하고 그냥 그렇게 묻혀서 살… 살아라. 그건 전혀 아니에요(웃음). 그건 아니고 그렇게는 못 하겠고, 어떻게든 인제 여기를 이렇게 헤쳐 나가야 되겠는데 그게 안 되니까 결국 이혼을 하는 거죠. 그렇게 할 수 있을 것 같아요. 그니까 여기가 일종의 자아의… 자아1이라면 결혼하기전의 여성들이 갖게 되는 어떤 그 결혼 전 여성의 자아가 있잖아요. 자아1이라고 하면은 이런 과정을 거쳐서 여기서는 다른 자아 1이 포함되는 또는 자아 1과는 다른 어떤 자아를 발견하기도 하고, 자아가 확대되기도 하고…

돌아보면 나한테 있어서 결혼은 강요당하는 삶이었고 이혼은 자유를 찾기 위한 거였고, 나를 찾기 위한 거였다고 생각해요.

② 자유 찾기

또한 참여자들은 이혼을 통해 시댁으로부터의 자유를 찾았고, 강요당하는 삶이었던 결혼으로부터 벗어나 자유를 찾았다고 진술하였다.

당당하게 살고 싶죠. 자유스럽게 편안하게 최대한으로 내가 그래도 행복은 못하더라도 좀 살 만하게 예전처럼은 아니게 그렇게 살고 있어요. 애들하고 있으면 행복해요 실질적으로 많이 웃어요.

얻는 거는 시댁에서의 자유겠죠. 심리적인 자유 그거 엄청 편하데?(중략) 자유를 찾은 것 같아요. 사고에서든 행동에서든 자유를 찾은 거 같아요. 그니까 나를 찾은 거나 마찬가지에요.

돌아보면 나한테 있어서 결혼은 강요당하는 삶이었고 이혼은 자유를 찾기 위한 거였고, 나를 찾기 위한 거였다고 생각해요.

5) 매개요인: 이혼 주저 요인과 이혼 촉진 요인

매개 요인은 크게 두 가지로 나눌 수 있는데 하나는 이혼 주저 요인과 또 하나는 이혼 촉진 요인이다. 이 두 요인이 영향을 미치는 시기가 명확하게 구분되는 것은 아니나, 극한의 절망에 이르기 전까지는 주저 요인이 더 강하게 작용하고, 극복기에 들어서면 촉진 요인이 더 강하게 작용한다. 각 요인이 개별적으로 작용하기보다는 복합적으로 작용하는 것으로 나타났다.

본 연구에서 도출된 이혼을 주저하게 하는 요인으로는 첫째가 자녀 때문이었고, 자신의 실패를 인정하는 것에 대한 자존심, 예상되는 경제적인 어려움 등 자립심 부족, 부정적인 인식, 종교 등으로 나타났다.

한편 이혼을 촉진시키는 요인으로는 가치관의 변화가 관찰되었다. 예를 들면 이혼에 대한 사회의 부정적인 인식은 실제 외부에 존재하는 것 외에도 참여자들 내면에 내재된 관습에 의한 것이라는 점이었다. 또한 자녀들 때문에 이혼을 망설이던 참여자에게 오히려 성장한 자녀가 이혼을 권유하면서, 혹은 자녀들 앞에서 폭력을 가하는 남편의 모습을 보며 겉으로만 가정의 모습을 유지한 것이 진정한 가정유지가 아니라는 생각의 전환을 하게 된다는 점이다.

또한 참여자들에게 공통적으로 나타나는 점은 결혼 생활에서의 문제는 본인과 남편의 문제라고 생각하여 혼자 해결하려고 하거나 주변을 의식하기 때문에 창피해서 혼자 안간힘을 쓰면서 결혼 생활을 유지해 보려고 애쓴다. 더구나 배우자나 시댁과의 갈등 속에서 늘 여성이 비난을 받기 마련이기 때문에 자신이 처한 상황이 객관적으로 이혼을 할 만한 상황인지 아니면 본인의 노력이 부족하고 본인에게 잘못이 있기 때문에 더 노력하고 반성해야 하는지 판단이 서질 않는 상태에서 혼란을 겪게 된다. 그런 상태에서 상황을 객관적으로 보고 참여자들이 잘못하고 있는 것이 아님을 지적해 주는 누군가가 있다면 어떤 참여자의 진술대로 '마치 어둠 속에서 길을 잃고 헤맬 때 한 가닥 빛줄기를 만난 듯' 상황을 객관적으로 판단하게 된다는 것이다. 이와 같이 이혼을 촉진시키는 요인에는 가치관 변화, 객관성 확보 외에 경제력 확보와 자녀와 친정의 권유 등이 있었다.

(1) 이혼을 주저하게 하는 요인

여성들의 이혼 결정 과정에서 이혼을 주저하게 하는 요인은 '자녀', 자신의 실패를 인정하고 싶지 않은 '자존심', 앞으로 예상되는 경제적인 어려움 등 '자립심 부족', '이혼에 대한 부정적인 인식', '종교' 등으로 나타났다.

① 자녀

참여자들이 이혼을 생각할 때 본능적으로 가장 떠오르는 존재는 '자녀'였다. 즉 자녀의 존재 자체가 참여자에게 일차적으로 "애가 둘인데 어떻게…"라는 식의 사고를 하게 했다. 또한 자녀 양육비에 대한 걱정, 자녀가 이혼녀의 자식이기 때문에 받게 될 어려움에 대한 걱정 등이 이혼을 주저하게 한다. 특히 몇몇 참여자는 자신이 온전한 양부모 가정에서 자라지 못했던 상처를 자녀에게 대물림하는 것이 싫어 자녀에게만은 온전한 가정을 물려주고 싶어 이혼을 하지 않으려 하였다. 또 한 참여자의 경우는 자녀가 이혼에 대해 반대 의사를 표현하였기 때문에 이혼할 수 없었다고 한다.

결혼할 때부터 3년만 살아야지 했는데 3년이 뭐야? 애를 딱 낳고 나니까 이야… (이혼을) 못 하겠더라(중략),

○○이 때문에 두려운 거야, 이렇게 고민만 되고, 어떻게 해야 될 건인가? (중략) 아 이건 아니구나, 언젠가는 하리라지, 당장 하리라는 마음은 못 먹었어, 그이유가 여러 가지야 내 자립심이 없고 경제력이 없고 ○○이 있고 그래가지고 그때는 막 매달리고 싶었지(중략),

애들은 애들대로 힘들어지고 그거에 대해서 이제 판단이 안 서, 결심을 못한 거지(중략),

나도 자신이 없었어, 이혼이라는 게 도대체 어떤 건지 잘 몰랐었어, 그래가 지고 그게 정말 쉬운 게 아니잖아, 정말로… 애가 둘인데… 그때 ○○이도 그렇고 결심이 안 섰고, 어떻게 생각 했었냐면, 아, 이런 마음은 있었다, ○○ 가 아직 어리니까 재가 몇 살 되면 내가 이혼을 할 수 있을까 고민을 한거야, 일곱 살? 여덟 살? 막 그런 걱정을 했었어, 재가 최소한 말을 알아들을 정도까지 돼야 이혼을 할 수 있겠다고 생각을 했기 때문에 아직 때가 아니 라는 생각을 했었던 것 같아,

망설이는 게 우선 제일 큰 것은 아이가 저한테는 제일 컸어요(중략),

근데 이젠 아이한테 제일 미안했죠, 얘가… 그… 애한테는 아무 저기도 아 니게 아버지를 잃어버리게 되거나 뭐… 엄마를… 잃어… 어느 한쪽을 잃어 버리게 되는 거니까 그게 과연 온당할까? (중략)

어떡해서든지 좀 애한테만큼은 온전한 부모 밑에서 자라게 해주고 싶은, 온전한 가정 그런 소망이 되게 컸는데…

아들이 이혼 안 된다 그러니까 음…

② 자존심

참여자들은 이혼이 하나의 실패이며, 자신의 실패를 스스로 인정하고 싶지 않은 자존심이 이혼을 주저하게 하는 요인이었다고 했다. 특히 이들 모두 친정엄마의 심한 반대를 무릅쓰고 결혼하였기 때문에, 이혼으로 자신의 실패를 인정하고 싶지 않은 자존심 때문에 이혼을 주저하였다.

아마 이혼을 망설인 이유가 아이 때문이기도 하지만 내 스스로 실패를 인 정하고 싶지 않은 이유가 더 클 거예요,

③ 자립심 부족

결혼 후에도 자신의 독자적인 일을 계속 해오던 참여자 외에 대부분의 참여자들은 이혼 후 경제적인 문제를 포함한 향후 생활에 대한 걱정으로 이혼을 주저하였다. 자립심 부족은 근본적으로 결혼한 가정의 주인은 남편이고 자신과 아이들의 보호자는 남편이라는 참여자들의 사고방식과 경제적 독립에 대한 두려움에서 기인하는 것으로 분석되었다.

> 이렇게 고민만 되면 어떻게 해야 될 건인가 그리고 이혼녀라는 그게 너무 힘들잖아 받아들이기가, 그게 굉장히 내가 너무 정신적으로 자세가 안 되어 있어 가지고 아 이건 아니구나, 했으면 언젠가는 하리라지, 당장 하리라는 마음은 못 먹었어, 그이유가 여러 가지야 내 자립심이 없고 경제력이 없고,

> 시간을 두고 이제 이혼을 해야겠다고 생각했는데 걸리는 게 많았어요, 10년 동안 내가 쉬었는데 어떻게 해야 되나? 뭘 해서 먹고 사나? 망설이게 되고… 참고 살아야 될 것인가? 이혼을 할 것인가?… 이혼을 하더라도 내가 직업이 있는 것도 아니고 그렇다고 돈을 모아놓은 것도 아니고 그게 제일 난감했어요… 앞으로 애들하고 어떻게 살아야 할것인가? 그게 젤 난감했어요,

> 오로지 이혼은 하고 싶은데 애가 둘이고 경제적으로 이거 때문에 정말 어떻게 해야 되나? 이런 생각은 꾸준히 하고 있었어요,

④ 이혼에 대한 부정적인 인식

결혼 이외의 다른 삶의 방법과 형태가 인정되지 않은 우리나라에서 사회 통념상 결혼 적령기임에도 결혼하지 않는 것도 주목받을 만한 일이지만 특히 이혼을 한다는 것은 참여자의 표현대로 "이혼하느니 차라리 죽자"라고 생각할 만큼 큰 어려움을 의미한다. 참여자들은 주위사람들을 의식해서 이혼을 망설이기도 하고 이혼에 대한 부정적 사회 인식이 자신의 존재 깊이 내면화되어 이혼을 기피하였다.

주위사람들에 대한 체면

참여자들은 주위사람들에 대한 체면 때문에 이혼을 망설이는데 이혼은 본인 뿐 아니라 친정엄마를 비롯한 친정식구들의 체면에 손상을 입히는 것이며, 가문에 누를 끼치는 일이라고 생각하였다.

> 그런 생활이 계속되고 고쳐지지 않고… 안 그러다가 며칠 지나면 또 그러고 또 그러고 저는 내안에 버틸 수 있다는 자신감이 있었고, 친정에 와 큰소리치든… 그런 거가 있잖아요… 내가 포기하면 엄마아빠에게 큰소리친게 저기 되고 친구들한테도 챔피스러운 거에요.

> 친정엄마 걱정 무척 하게 돼요. 그니까 친정에… 친정 부모님 떠오르면서 그 분들 체면에 누를 끼친다. 설령 그분들이 이해를 해 주신다 그래도 그분들의 사회적 체면이나 관계나 이런 것에 누를 끼치는 게 아닌가? 그니까 솔직히 말하면 집안의 이… 음, 그리고 친척들한테 뭐라고 할꺼나? 이런 생각을 하게 되요.

> 그래도 결혼했는데 살아야지 어떻게 이혼을 해? 우리 집안에 그런 사람이 없는데 이러면서 끝까지 살아야지 그래도 내가 참고 살아야지 왜 이런 게 엄마를…

이혼에 대한 사회의 부정적인 인식

많은 사람들이 결혼을 무비판적으로 받아들였던 것처럼 이혼에 대해서도 무의식적으로 거부하고 두려워한다. 참여자들은 이혼한 사람들을 대하는 일반 사람들의 시선, 이야깃거리가 되는 것, 여자가 무언가 잘못했으니 이혼당했을 거라는 사람들의 통념적인 시선을 상상하게 되면 이혼을 자신에게 가능한 일로 받아들일 수 없었다고 진술했다.

> 그니까 주입된 그게 너무 강했던 거지, 여자가 이혼하면 안 되고… (중략) 이혼녀라는 게 너무 힘들잖아 받아들이기가…

> 우리나라 사회가 이혼했다 소리 듣는 거 하고, 그런 환경에서라도 그런 집

안이어도 이혼했다 소리 안 듣잖아요. 근데 그런 거 탈피하기 위해서… 어~ 저 집 엄마, 아빠 이혼했다더라… 그런 거 하고 어떤 상황을 주위에서 많이 봤냐면 쟤네 엄마, 아빠 이혼했다더라, 뭐 평상시 그냥 건강한 가정에서 실수하는 것도 봐주는데 이혼한집 애들이 그런 실수를 하면 엄마아빠가 이혼해서 가정교육이 그래서… 그런 비난을 그게 좀 많이 걱정됐어요.

한국에서 여성들이 결혼에 대해 갖고 있는, 내재되어 있는 어떤 생각, 결혼에 대해… 그래서 그거를 떨치기가 너무 힘든 거죠, 스스로가 그런 것 같아요.

⑤ 종교

종교 중에서 기독교는 이혼을 교리상 금지하기 때문에 교회에 열심히 다니는 참여자들은 이혼을 고려하는 것 자체를 죄악시하거나 하나님께서 자신의 이혼을 금하신다고 여겨 이혼을 기피하였다.

하나님에 대해서 끝까지, 마지막까지 하나님한테 그게 있었어. 이게 내가 하나님한테 죄지은 게 아닌가 하나님이 그래서 확 나를 버린 게 아닌가? 그런 죄의식이 끝까지 있었어. 그러니까 그거 완전히 없어진 게 근래야, 그 마음이 그렇게 힘들었어.

그러면서 아… 하나님께서 이런 꿈을 꾸게 하시나 보다, 너는 이혼 생각하지 말고 니 남편 만족할 줄 알고 살아라, 그렇게 생각… 말씀하시는 거 같아서 그때 제가 하나님께 울면서 약속을 했어요. 다시는 이혼얘기 이혼 생각하지 않고, 또, 이혼얘기 하지 않고 그렇게 살겠습니다라고 하나님께 약속했어요.

(2) 이혼 촉진 요인

이혼을 주저하게 하는 요인이 있는가 하면 이혼 결정을 촉진하는 요인도 있다. 참여자들의 '가치관 변화'가 이혼 촉진 요인으로 작용하는데, 예를 들어 자녀에게만은 온전한 가정을 물려주고 싶어 이혼을 망설이던 참여자가 부모가 갖춰져서 겉으로만 온전해 보이는 가정이 온전한 가정이 아니라 폭력을 사용하는 아버지로부터 격리시키는 것이 아버지가 없더라도 자녀를 진정으로 위하는 것이라는 가치관의 변화를 통해 이혼을 결정하게 된 경우가 이에 해당된다. 또한 자신이 이혼을 주저하고 있을 때 다른 사람들로부터 그 타당성이나 정당성을 인정받게 되는 등의 이혼에 대한 '객관성이 부여'되거나, 앞날의 경제적인 어려움에 대한 두려움 때문에 이혼을 주저하다가 '경제력'이 생기면 이혼 결심을 하기도 하였다. 흥미로운 결과 중 하나는 자녀들에게 온전한 가정을 유지해 주고 싶은 마음이 이혼을 망설이게 하는 요인으로 강하게 작용한 반면, 오히려 성장한 자녀의 이혼 권유가 이혼을 결정하게 하는 결정적인 요인이 되는 경우도 있었고, 딸을 위해서는 이혼을 시키는 것이 낫겠다고 판단한 친정 부모들의 권유 즉 '자녀, 친정의 권유'가 이혼 결정을 촉진하는 요인으로 작용하기도 하였다.

① 가치관의 변화

자녀를 위해 형식적이나마 가정의 모양을 유지해야 한다고 생각해 왔던 참여자들은 자녀들을 위한 진정한 가정이 부모의 형식적인 겉모습에만 있지 않다는 사실을 깨닫는다. 끝까지 이혼을 하지 않으려 버티던 한 참여자는 이혼을 주저하는 진짜 이유가 자녀 문제보다는 자신의 욕심이나 다른 사람에 대한 체면 유지였음을 깨닫고 생각을 바꾸게 된다. 몇몇 참여자는 온전한 가정이란 단지 부모가 존재할 때 가능한 것이 아니라 자녀를 폭력으로부터 지켜줄 때 가능한 것이라고 자신의 판단을 바꾸게 되었다.

> 점차적으로 생각이 바뀐 게 애들한테 이런 현장을 계속 보여주는 거잖아요. 오히려 이건 내 욕심에 의해 붙잡고 있는 거지, 자식들한테 좋은 결과를 보여주지 않는 게 아닌가? 그냥 남들에게 보여지게 한 건 아닌가?

어떡해서든지 좀 애한테만큼은 온전한 부모 밑에서 자라게 해주고 싶은, 온전한 가정 그런 소망이 되게 컸는데 그거를 어느 순간에 제가 마음을 바꾼 거예요. 겉보기로 온전함이 진짜 온전함이냐? 그래 이렇게 애 앞에서 주먹 휘둘리고 피 쏟고 이게 도대체 무슨… 있다고 하는 게 좋은 게 아니지 않냐? 차라리 그러면 이혼을 하고 애를 정말 정성껏 잘 키우는 게 그게 오히려 낫다, 그게 애를 위해서 낫겠다, 아이를 위해서도 이혼이 낫겠다라는 생각이 딱 하니까 그 다음에는 별고민이 없었어요.

이제 폭력이나 애들에 대해서 이렇게 피해가 가해지고 애들한테 이런 환경이 더 이상 지속되면은 애들한테 불행하고 결국 그런 성격을 닮아서 또 그런 삶을 살 텐데, 나 또한 사람으로 살아도 이게 이렇게 살아야 되나? 뭐 이런 회의감이 많이 들었죠.

② 이혼에 대한 객관성 부여

많은 여성들은 결혼에서의 어려움을 겪으며 남편과 시댁으로부터 비난을 받는 경우가 많은데다가 결혼 생활에서 겪는 어려움에 대해 주로 혼자 고민해 왔기 때문에 결혼 생활을 끝내려 하는 자신의 판단이 옳은 것인지, 자신이 결혼 생활에서 최선을 다했는지에 대해 확신하기 어렵다고 했다. 바로 이런 상황에서 누군가로부터 참여자가 최선을 다했고 객관적으로 볼 때 이혼을 고려할 수밖에 없다는 점을 인정받게 되면 비로소 이혼에 대한 확신이 생기게 되었다.

이렇게 객관적으로 누가 와서 그렇지 않다, 응? 너에게… 니가 뭐 상황이 이러니까 내가 보기에도 뭐 하다라고 어떤 객관성을 부여해 주거나 자신감을 주거나 하면은 탁 개안하는 느낌이죠. 눈이 확 뜨이는 느낌, 그렇지, 내가 틀린 게 아니구나, 나 그렇게 이상한 애 아니지?

③ 경제력 확보

경제적인 자립에 대한 두려움 때문에 이혼을 망설여 오던 한 참여자는 경제력이 생기자 이혼할 때가 되었다고 생각하였다.

> 큰돈으로 ○○○이 해줘 가지구 돈을 목돈을 받아어, 점점 싫어지는데다가 돈
> 을 목돈을 받으니까 돈이 딱 생기니까 이제 생길만큼 생긴 거야, 내 판단으
> 로는 그러니까 이혼하고 싶더라고, 그리고 그때 그 사람 하는 게 점점 그렇
> 게 나오고 나는 그때 나는 정말 이제 정리할 때다, 때가 왔다는 생각을 했어,

④ 자녀, 친정의 권유

친정 식구들과 결혼 생활의 어려움에 대해 전혀 의논할 수 없었던
참여자들도 문제가 심각한 상황에 이르자 어쩔 수 없이 친정부모와
의논하게 되었고, 딸의 어려움을 알게 된 친정부모들은 딸을 살려야
겠다는 생각에 참여자들에게 이혼을 권유하였다.

한 참여자는 자신이 계모 밑에서 자란 것이 한이 되었기 때문에 어
떻게든 자신의 딸에게는 온전한 가정을 물려주고 싶었으나 오히려
성장한 딸의 이혼 권유가 강력한 힘이 되어 이혼을 결심하게 되었다.

> 왜 내가 끝까지 이혼을 결심한 이유가 우리 ○○이가 막 울면서 그런 적이
> 있었어, 여의도 이사 왔을 때 엄마 도대체 천사야 바보야 왜 아빠 같은 사
> 람하고 왜 이혼 안 해? 왜 안하느냐는 거야 엄마같이 살까봐 자기는 겁난다
> 는 거야, 내가 어떻게 느꼈냐면 내가 같은 여자로서 내가 잘사는 모습을 보
> 여줘야 될 것 같았어,

2. 이혼 결정 유형

이혼 경험의 핵심범주는 '강요된 자기 버리고 진정한 자기 찾기'였
다. 그리고 이혼 결정 과정은 이혼 결정 목적에 따라 서로 다른 두 가
지 유형이 존재하는 것을 확인하였다.

본 연구에서는 자기 찾기의 유형을 '능동적 자기 찾기'와 '피동적

자기 찾기'의 두 가지 유형으로 분류하였다.

1) '능동적 자기 찾기' 유형

'능동적 자기 찾기' 유형은 이혼을 결정한 목적이 결혼 생활에서 점점 소멸되어가는 자기를 적극적으로 찾기 위한 것이었다. 즉 진정한 자기를 찾기 위하여 능동적으로 이혼을 선택하는 유형이다. 이 유형의 참여자들은 자신의 삶에 대한 애착이 강하고, 이혼을 통하여 자신의 삶을 재구성하고자 이혼을 결정하였다.

이 유형의 참여자들은 남편이나 시댁과의 관계에서 자신은 도구적 역할만 있었고 자신의 진정한 존재감은 없다고 느꼈다. 자신의 결혼 생활은 강요당하는 삶으로서 진정한 행복이 없었으며, 자신의 생각이나 뜻과는 관계없이 모든 것을 남편에게 맞추면서 살아왔다고 회상하였다.

'능동적 자기 찾기' 유형의 참여자들은 자신을 위해야 한다는 생각이 들기 시작하고, 있는 그대로의 나를 인정하는 것을 배우면서 이혼을 결정하게 되었다. 즉 자기 존재를 억누르던 사회관습으로부터 탈출하여 자기 자신으로 회귀함으로써 자신의 삶을 자기 본질대로 사는 것을 택했다. 이들에게 이혼은 자유와 '나'를 찾기 위한 선택이었고 참여자들은 이혼을 통해 결혼 전보다 더 확대된 자기를 찾았다고 진술하였다.

> 그러니까 힘이 생겨, 내가 생기더라고. 아 이제 됐다 이제 되는구나 생각이 들고 아~ 우리 00이한테도 내가 옳은 모습을 보여줘야 해 이런 생각이 들고 그래서 이혼을 한거지 (중략).

내 본질대로 사는 거지, 그러니까 있는 그대로의 나를 인정을 해야 된다는 의무감을 내가 가지고, 그걸 배웠어, 있는 그대로의 나를 받아들일 줄 알아야 한다는 생각이 들었어.

그리고 거기(현실의 관습)의 두께에 부딪혀서 내가 좌절했을 때 그러면 나를 포기하고 그냥 그렇게 묻혀서 살… 살아라, 그건 전혀 아니에요(웃음). 그건 아니고 그렇게는 못 하겠고, 어떻게든 인제 여기를 이렇게 헤쳐 나가야 되겠는데 그게 안 되니까 결국 이혼을 하는 거죠. 그렇게 할 수 있을 것 같아요. 그니까 여기가 일종의 자아의… 자아1이라면 결혼하기전의 여성들이 갖게 되는 어떤 그 결혼 전 여성의 자아가 있잖아요. 자아1이라고 하면은 이런 과정을 거쳐서 여기서는 다른 자아 1이 포함되는 또는 자아 1과는 다른 어떤 자아를 발견하기도 하고, 자아가 확대되기도 하고…

돌아보면 나한테 있어서 결혼은 강요당하는 삶이었고 이혼은 자유를 찾기 위한 거였고, 나를 찾기 위한 거였다고 생각해요.

2) 피동적 자기 찾기 유형

'피동적 자기 찾기' 유형은 이혼의 일차적인 목적이 '자기 찾기'가 아닌, '자신이 처한 결혼 현실로부터의 탈출'이었다. 이 유형은 자기를 찾기 위한 목적을 갖고 이혼하지는 않았으나 이혼 후에 지난날을 돌아보니 결혼 생활동안에는 자기가 자신이 없었던 것에 반하여 이혼을 함으로써 자기를 찾는 부수적인 결과를 얻은 것을 깨달은 유형이다.

몇몇 참여자들은 어떻게 하든지 이혼을 하지 않으려고 하다가 남편의 과도한 폭력이나 극심한 외도, 또는 카드빚으로 인한 파산 위험 등을 계기로 암울한 결혼 현실로부터 벗어나고자 이혼하게 되었으며, 이후 자기를 찾거나 자유를 얻게 되었다고 느꼈다.

돌아보니까 결혼과정에서는 (내) 자신이 없었던 것 같아요. 이혼 후에는 물론 먹고 살기 위한 것도 있지만 내가 할 수 있는 걸 할 수 있어서 좋아요.

당당하게 살고 싶죠, 자유스럽게 편안하게 최대한으로 내가 그래도 행복은 못하더라도 좀 살 만하게 예전처럼은 아니게 그렇게 살고 있어요, 애들하고 있으면 행복해요 실질적으로 많이 웃어요.

얻는 거는 시댁에서의 자유겠죠, 심리적인 자유 그거 엄청 편한데? (중략) 자유를 찾은 것 같아요, 사고에서든 행동에서든 자유를 찾은 거 같아요, 그니까 나를 찾은 거나 마찬가지예요.

그니까 나가서 카드를 막 쓴 거예요, 막 쓰고 그리고선 ㅇㅇ으로 간 거죠, 근데 그게 이제 너희한테로 그게 다 온 거죠, 그래서 저는 이혼은 안하려고 했었는데 할 수밖에 없는 상황이 돼 버린 거죠(중략),
그래서 저는 정말 그때 아주 기쁘게 막 즐겁게 재판을 했어요(중략),
그러면서 이혼도 다 이렇게 하게 됐어요, 그러면서 친권양육권까지 저한테 다 넘어오게 됐어요, 참 너무너무 놀라워요.

제 5 장

논의해야 할 문제

이 장에서는 연구자의 연구 동기와 연구의 결과로 도출된 우리나라 여성의 이혼 결정 과정 경험의 핵심 범주인 '강요된 자기 버리고 진정한 자기 찾기', 이혼 결정 과정 및 이혼 결정 유형에 관하여 논의하고자 하며, 더 나아가 간호학적 의의 및 적용에 관하여 살펴보고자 한다.

이혼이란 사별이 아닌 다른 이유로 혼인상태를 종료하는 것이다. 박부진(2000)은 이혼이 증가하는 배경으로 산업화 과정을 지적하고 있는데 우리보다 먼저 산업화된 서구사회에 이어 우리나라도 1970년대를 지나면서 본격적으로 산업화 사회가 되었고 이에 따라 사회의 한 구성단위인 가족도 많은 변화를 겪게 된다. 즉 부계 중심의 전통적인 직계 가족제도에서 부부 중심의 핵가족제도로 변하였으며, 성역할 고정관념을 기본으로 하는 가부장적 가족에서 남편과 아내가 평등한 관계를 이루어 가는 민주적 가족으로 변화해 가고 있다.

그러나 외면적으로는 정서적 유대 관계를 중요시하는 민주적 핵가족 형태를 보이고 있는 반면에 내면적으로는 여전히 전통적인 가부장적 요소가 많이 남아있는 것이 우리나라의 가족의 현실이다. 1970년대 이후 계속 증가하고 있는 이혼율은 우리나라 가족 특히 부부간의 갈등이 심화되고 있음을 반증하는 것이라고 해석할 수 있다. 앞으로 여성의 교육 정도가 높아짐에 따라 여성의 지위가 향상되고, 자기개발 기회가 많아짐에 따라 여성의 자기주장은 더 강해질 것이다. 그러나 이러한 여성의 변화만큼 사회의 분위기나 남성의 의식은 변하지 않음에 따라 가정에서 부부 사이의 갈등 발생의 가능성은 더 높아질 것이고, 그에 따라 이혼율은 더욱 증가될 것으로 예상된다.

이혼을 반드시 일탈적인 것으로 보지 않는다 하더라도 이와 같은 지속적인 이혼율 증가의 사회적 현상에 여러 분야의 전문직들이 관심을 가져야 할 필요성이 높아지고 있다. 실제로 최근 들어 직장에서나 주변에서 심지어 전통적으로 이혼을 금기시하는 종교 기관 내에서도 이혼한 사람들을 쉽게 만나게 된다. 연구자도 기독교인 중에서 이혼한 경우를 자주 접하게 되고, 가까운 친척 중에 이혼이 발생하는 것을 보게 되었다. 특히 그 당사자들이 이혼과 관계되어 정신증적 증상을 포함한 많은 어려움을 겪는 것과 정신간호학을 전공한 연구자에게 어려움을 상담해오거나 실질적인 도움을 요청받게 되는 경우를 경험하였다.

이에 연구자는 정신간호 요구를 지닌 대상자에게 도움을 제공할 역할을 지닌 전문인으로서 자연스럽게 이혼에 대해 관심을 갖게 되었다. 특히 연구자가 만난 이혼자 중 대부분이 여성이었고 많은 문헌에서도 남성보다 여성이 이혼으로 인해 더 많은 어려움을 경험한다고 보고되고 있어 이혼여성에 대해 연구자적 관심을 갖게 되었다. 또한 이혼을 전후로 모든 시기가 대상자들에게는 어려운 시기이고 모든 시기마다 도움이 필요하겠으나, Albrecht(1980)가 지적하였듯이 이혼의 네 단계 중 이혼을 결정하기 전이 가장 힘든 시기라고 주장한 측면(박영숙 외, 1999, 재인용)을 고려한다면 이혼 결정 과정에서의 간호중재의 필요성은 크다고 볼 수 있다. 또한 이혼을 인생의 중대한 위기의 하나라고 볼 때 이혼 전후 모든 과정에 도움이 필요하겠으나, 정신건강 차원에서 질병의 발생을 예방하는 일차적인 예방에 초점을 둔다면, 이혼 발생을 사진에 예방하는 것이 가장 이상적이며 우선되어야 한다고 생각하게 되었다. 이에 본 연구자는 이혼을 예방하기 위해서는 이혼 결정 과정에 대한 이해가 선행되어야만 적절한 중재 시기에 따른 효율적인 중재방법에 대한 기초자료를 확보할 수 있을 것이라고 판단하여, 여성들이 경험하는 이혼의 전(全) 과정 중에서도 이혼을 결정하기까지 과정에 대한 연구를 시도하게 되었다.

1. 핵심범주: '강요된 자기 버리고 진정한 자기 찾기'

본 연구에서 확인한 우리나라 이혼여성의 이혼의 결정 과정의 핵심 범주는 '강요된 자기 버리고 진정한 자기 찾기'였다.

우리나라 여성들은 결혼하기 전 성장과정에서 어머니에게 폭력을 가하거나 권력자로서 군림하는 아버지의 가부장적인 태도를 보면서 성장하지만 가부장적 가족제도의 실체와 그 엄청난 무게를 느끼지 못한다. 가부장적 개념은 근원적으로 남성과 여성 간의 지배종속관계의 의미 즉 남성에 의한 여성의 지배체계를 뜻함과 동시에 우리나라 가족제도와 가족 구성원들의 의식을 지배하는 전통적 가족규범의 원리로써의 개념, 두 가지로 사용된다. 우리나라 가족의 전통적 가족규범의 원리로써 가부장적 특징은 가(家) 중심, 남성 중심, 부모 중심, 시집 중심의 원리를 뜻하는 것이다(곽배희, 2002).

우리 사회가 인정하는 정상적인 삶의 형태는 그 내용과 질이 어떠하든 유지되어야 하는 획일적인 가부장적 결혼제도 속에 존재하는 것이다. 남녀의 결혼은 그 내용과 의미에서 질적인 차이를 나타낸다. 남자에게 결혼은 가장, 부양자, 보호자, 가문의 대를 잇는 자로서, 아내와 가족 내에서 지배하는 자가 되도록 한다. 여자에게 그것은 내조자, 피보호자, 성적으로 지배와 통제를 당하는 자가 되어 한 남자의 아내로서 존재 조건이 제한되고 억압되는 것을 의미한다(김혜련, 2002).

본 연구의 핵심 범주인 '강요된 자기 버리고 진정한 자기 찾기'란 결혼 후 부여되는 온갖 역할로 완전히 뒤덮인 상태인 '강요된 자기'를 벗어던지고 이혼 결정 과정을 거치면서 '진정한 자기'를 찾는 것을 의미한다.

우리나라 사회가 현대화되고 산업화되어 가족 구조도 많이 변화하고 있지만 남성, 여성 모두 어느 정도 나이가 되면 별 생각 없이 당연히 결혼을 한다. 이는 유교의 영향을 받은 우리나라에서 가족으로부터 분리된 개체로서의 개인은 잘 인정하지 않기 때문이다. 즉 결혼이 삶의 다양한 방법 중에 하나이며 자신의 가치관이나 철학에 잘 맞기 때문에 결혼을 선택하는 것이 아니라 거의 비판적 판단 없이 자연적 선택으로서 결혼을 하게 된다.

현대에 들어서 가족이 핵가족화되고 민주화된 것처럼 비춰지지만,

본 연구 결과 아직도 여자가 시집을 가야 하는 것은 우리나라의 현실인 상황이며 본 연구의 참여자들은 자신에게 아내나 며느리 그리고 어머니로서 어떠한 역할과 책임이 주어지는지에 대해 현실적으로 실감하지 못하고 결혼하게 되었다.

그러나 막상 결혼하게 되어 이들 여성들이 경험하게 되는 시댁의 분위기와 가정의 주역이 되어 결혼 제도에서 느끼게 되는 가부장적 압박은 문화적 충격보다 더 크게 감지된다. 왜냐하면 이들은 현대적인 교육 속에서 성장하여 변화된 가치관에 의한 민주적인 문화를 기대하고 예상하고 결혼하지만, 여전히 우리나라의 가정은 여성의 헌신적 희생을 통해 유지되고 있기 때문이라고 볼 수 있겠다.

여성의 교육수준이 높아지고 따라서 자기실현의 기대도 훨씬 높아진 여성들에게 이러한 결혼 생활은 본인이 기대와 희망을 가지고 출발했던 결혼 생활이 아니다. 특히 현대에 들어서 결혼에 대한 낭만주의적 기대와 정서적 유대관계를 중요시 여기는 경향이 높아졌기 때문에 실망의 가능성도 더 높아졌다. 특히 참여자들은 자신의 존재에 대한 인정을 중요시 여기는 데에 반해, 참여자에게 가장 중요한 관계인 남편과의 현실적인 관계에서 자신은 오로지 필요한 역할을 수행하는 도구로만 여겨진다는 것을 확인하게 된다. 그리고 시댁에 가면 본인은 없어지고 오로지 며느리로서의 역할과 의무로 점철된 강요된 자기만이 있을 뿐이다. 참여자들이 가장 어려워하는 것의 핵심은 남편에게나 시댁에서 자신의 존재가 소멸되어 가는 것, 자기가 없어지는 것으로 '존재 없음'의 상태이다. 이는 김혜련(1993)이 진정한 관계가 아닌 도구적 관계, 자기가 다 없어지는 경험, 억압된 자아라고 표현한 것과 유사한 결과이며, 이주홍(2002)의 연구에서 자아에 대한 의식이 점차 소멸되어가는 상태로 표현한 것과 같다고 본다.

본 연구에서 참여한 여성들의 진술을 통해 이혼은 자신의 존재 없음의 상태에서 자신에 대한 새로운 자각을 하게 되면서 진정한 자기를 완전히 뒤덮고 있던 강요된 자기를 벗어내고 박차고 나가는 것임을 확인할 수 있었다. 이렇듯 '강요된 자기'를 버리고 '진정한 자기' 찾기는 마치 애벌레가 껍질을 벗고 나와 성충이 되는 것과 같다. 이러한 '진정한 자기'는 김혜련(1993)이 새로운 자아, 이주홍(2002)이 능동적인 주체, 노영주(2001)가 자기 회복, 자기 확대라고 표현한 것과 유사하나, 이들의 연구에는 억압된 자아에서 새로운 자아로 가는 과정이 확연하게 지적되지 않은 반면, 본 연구에서는 강요된 자기를 벗어버리고 진정한 자기를 찾아가는 과정이 심도 있고 상세하게 서술함으로써 이혼 과정에 대한 지식의 영역을 더 한층 넓혔다고 볼 수 있다.

이러한 '강요된 자기 버리고 진정한 자기 찾기'의 상황 전개를 좀 더 자세히 설명하면 다음과 같다. 참여자들이 진술한 이혼에 이르는 결혼 생활은 브이 곡선(그림 1)을 이루었다. 결혼 전기에는 실망과 좌절을 거듭하면서도 또다시 노력하는 굴곡을 거치면서 내려가다가 밑바닥까지 내쳐지는 절망기를 정점으로 올라간다. 자료 분석 결과 내려가는 하향 곡선의 기울기는 느리고 완만한 것에 비해, 밑바닥으로부터 올라갈 때는 바닥을 치고 올라오는 그 힘으로 인해 내려갈 때보다 가파른 상향 곡선을 그리며 올라간다. 즉 절망기에 다다를 때까지 주저하고 망설이면서 이혼을 하지 않고 버텨보려 하지만, 절망기 이후에는 머뭇거림의 기간이 단축되면서 이혼 결정을 향해 진전하는데 상대적으로 속도가 빨라진다. 극한의 절망상태인 밑바닥까지 내쳐지면 더 이상 내려갈 데가 없는 상태에 다다른 것으로 밑바닥을 치고 올라오게 된다고 했다. 즉 이들에게는 극한의 절망을 느끼게 되는 밑바닥이 변화를 가져오는 전환점이었다. 이는 마치 증권 시장에서 증권시세가 하향세를 타다가 밑바닥까지 떨어지면 바닥을 치고 올라오는 현상과 같다. 극한의 절망을 겪은 사람만이 바닥을 치고 오를 수 있으며, 극한의 절망이 밑바닥으로부터 올라올 수 있었던 원동력이었다.

이들의 '진정한 자기'는 사라지지 않았으며, 단지 강요된 자기에 덮여 그 모습이 가려져 있었을 뿐이다. 참여자들에게 이혼은 본연의 자기를 덮어 누르고 강요된 자기로 살아가도록 강요하는 사회관습으로부터 탈출하여 자기 자신으로 회귀하기 위한 하나의 통과의례, 혹은 알 깨기이다. 병아리가 껍질을 깨고 나올 때 힘이 필요하듯 참여자들은 강인함을 가지고 있기에 똑같은 상황에 있지만 그 상황을 벗어나지 못하는 여성들과는 달리 '강요된 자기'라는 껍질을 과감히 벗어버리고 '진정한 자기'를 찾고자 노력한다. 그리고 이때의 자기는 예전의 자기와 같을 수도 있지만, 오히려 확대되고 더 성숙해진 자기이기도 하다.

본 연구에서는 여성들이 이혼을 결정하기까지 여러 단계를 거치는 것으로 분석되었고, 결혼을 유지하기 위해 여러 대처 전략을 사용하면서 최대한 노력하고 있었다. 또한 이혼을 결정할 때 영향을 미치는 요인들도 복합적이었다.

많은 연구(김혜련, 1993; 곽배희, 1994; 노영주, 2001)에서 강조되었듯이 본 연구에서도 이혼은 한순간 혹은 하나의 사건에 의해 결정되는 것이 아니라 결혼의 연장선상에서 이해되어야 함과 여러 단계를 거치는 과정임을 확인할 수 있었다. 즉 이혼을 논하기 위해서는 결혼 결정부터 살펴봐야 하는데, 대부분의 참여자는 결혼 결정 시 결혼의 어려움을 예고하는 위험 요인을 가지고 있었다.

많은 연구(노영주, 2001; 이주홍, 2002; 최정숙, 2004)에서 이혼 뒤에는 잘못된 결혼이 있었음을 지적하고 있고, 여러 국내외 선행 연구(이무영, 2003; AIFS, 1999; Amato&Rogers, 1997)에서 이혼에 영향을 미치는 위험 요인을 지적하고 있다. 본 연구에서도 대부분의 경우 결혼의 시작부터 잠재적 위험성이 있었던 것으로 분석되었다. 더 나아가 결혼의 위험 요인을 구체적으로 밝혀낸 것이 선행 연구와 다른 점이다.

본 연구에서는 결혼의 위험 요인으로 자신이나 남편에 대한 인식 부족, 결혼 현실에 대한 인식 부족, 신중하지 못한 결혼 결정, 적절한 결혼 모델의 부재, 혼전 성관계·임신·동거 등이 분석되었다.

간호사는 정신건강 개념상의 일차 예방, 이차 예방, 삼차 예방에 모두 주력해야 하는데 정신건강 차원에서 보면 일차 예방은 질병의 발생을 예방하는 것이다. 이중에서도 결혼 생활의 질 향상과 이혼 위기 예방을 위한 일차 예방은 이혼의 발생을 예방하는 측면에서 가장 바람직한 간호 중재의 하나이다. 이혼 위기에 대한 일차 예방을 위해서 우선적으로 결혼의 위험 요인을 줄이는 것이 필요한데, 이를 위해 제공되어야 하는 것이 혼전 결혼 교육이라고 생각한다. 결혼의 위험 요인들은 이혼의 선행 조건은 아니더라도 결혼 생활을 어렵게 할 수 있는 위험성을 내포하고 있으므로 본 연구 결과로 추출된 이러한 요인들을 포함한 결혼 교육 프로그램 개발이 필요하다고 생각한다. 더욱이 현대에 들어서 결혼에서 정서적 관계가 중요시되고 결혼에 대한 낭만적 신화가 강해지면서 결혼에 대해 환상적인 기대가 높아지는 것에 비해 결혼에 대한 신중한 판단이나 준비가 턱없이 부족한 것이 우리의 현실이다. 그러므로 자신과 타인에 대한 이해, 의사소통과 인간관계, 결혼현실에 대한 인식, 결혼 생활에서 겪을 수 있는 위기에 대처하는 방법, 성교육 등을 내용으로 한 결혼 교육 프로그램을 개발하여 결혼을 앞둔 남성과 여성에게 실시한다면 결혼 생활의 위험을 줄일 수 있으리라 생각한다. 정신간호사는 자기이해, 인간관계와 의사소통, 위기간호 등의 내용을 다룰 수 있는 준비가 잘 되어 있는 전문가라고 생각한다.

2. 이혼 결정 과정의 각 단계

본 연구에서 이혼 결정 과정은 크게 두 시기－어떻게 해서든지 결혼을 유지하려는 결혼 전기와 결혼을 포기하게 되는 시기인 결혼 후기－로 나눠진다.

여성들이 이혼을 결정하게 되는 단계는 '희망기: 기대 갖고 출발하기', '실망기: 어려움에 부닥치기', '노력기: 안간힘쓰고 버티기', '절망기: 밑바닥까지 내쳐지기', '극복기: 밑바닥 치고 오르기', '탈각기: 박차고 나오기'의 여섯 단계를 거치는 것으로 나타났다. 결혼 전기는 결혼을 결정할 때부터 시작하여 희망기에서 실망기, 노력기를 거쳐 절망기에 이르는 시기로, 어떻게 해서든지 결혼을 유지하려는 시기이다. 결혼 후기는 절망기에서 극복기를 거쳐 탈각기에 이르는 시기로 결혼을 포기하게 되는 시기이다.

김혜련(1993)의 연구가 대처 방식만으로 이혼 단계를 나눈 것과는 달리, 본 연구에서는 각 단계의 특징을 참여자들의 심리상태, 감정반응, 대처방법, 혹은 시간의 흐름에 따른 양상을 분석하고 그에 따라 각 단계를 명명하고 특징을 분석한 것은 의미가 있다고 본다.

이혼 결정 과정의 첫 번째 단계인 희망기에는 모든 참여자들은 결혼 생활의 위험 요인이 있더라도 배우자와 함께 함, 공유, 함께 뭔가를 이루고 싶은 희망을 가지고 결혼이라는 새 출발을 한다. 이 시기의 특징은 '기대 갖고 출발하기'이다. 이 시기에 대부분의 참여자들은 남편과 같이 잘 살 수 있을 것 같은 앞날에 대한 기대감과 자신감, 결혼함으로 해서 느끼는 해방감, 안정감 등을 느낀다. 이는 이혼에 관한 선행 연구에서 언급된 적이 없는 연구 결과로서, 노영주(2001)의 연구에서는 비슷한 사례를 보고한 것에 그쳤으며, 김혜련(1993)과 최정숙(2004)이 결혼 생활 출발부터 어려움에 부딪히는 힘든 시기만을 지적하고 있는 것과 대조하여 볼 때 발전적인 가치가 있는 연구 결과라고 볼 수 있다.

둘째 단계는 실망기로 이 단계의 특징은 '어려움에 부닥치기'이다. 이 어려움의 본질은 남편 또는 시댁이 본인들이 전혀 기대하지 않았던 결혼 생활의 어려움에 부닥치는데 이 어려움의 근본은 '서로 다름'에서 오는 것이다. 본 연구의 참여자들이 지적한 서로 다름의 예는 삶의 원칙, 인간으로서의 기본적인 도리, 생활 자세가 서로 다르다는 것을 포함하여 성격이나 가치관의 차이이다(이재경, 2000; 김혜련, 2002; 이주홍, 2002).

본 연구 결과, 서로 다름에 처한 참여자들은 남편과의 소통이 없거나 단절되는 것을 경험하는데 이 특징은 한 참여자의 표현대로 개인 간에 혹은 조직 내에서 대화가 끊어지는 것이 위험의 조짐이라고 했듯이 이 또한 부부 간의 위험 조짐이 된다. 즉 서로 어려움을 겪는 부부 간에는 대화가 없어지고 설혹 대화를 시도해도 배우자에게 의미 전달이 되지 않으며, 전달된 메시지도 전혀 다른 의미로 이해되곤 한다. 의사소통은 모든 관계 특히 부부관계 유지를 위한 중요한 매개체이며, 본 연구의 한 참여자도 남편과의 의사소통이 단절되는 시점에서 본인에게 위기가 다가옴을 감지했다고 표현했다. 이와 같이 의사소통이 단절되는 것은 부부의 위기를 예고하는 중요한 신호로 작용한다는 점을 확인한 것 또한 본 연구의 특징이라고 본다.

부부 간의 의사소통의 중요성은 부부나 가족 그리고 결혼에 대한 많은 연구에서도 강조되었는데(장정순, 1994; 한국건강가족운동실천본부, 1999; 권희완, 1992; 김화자·윤종희, 1991; 김인숙, 1988; 최정숙, 2004), 본 연구에서도 모든 참여자들이 공통적으로 진술하였다. 이러한 소통의 부재는 사랑의 기초가 되는 신뢰가 깨지는 것으로 이어지면서 이 시기에 참여자들은 힘겨움, 실망감, 외로움, 분노, 서운함, 수치심, 두려움, 싫어짐과 같은 감정을 경험하게 된다. 또한 이러한 감정들은 스트레스가 되어 신체적 증상, 수면장애, 우울증과 같은 병리적 증상을 유발한다. 이는 최정숙(2004)의 연구에서도 결혼 생활의 한계상황에 부딪히게 될 때 화병이나 우울 같은 정신적 증상, 남편 존재에 대한 두려움 등이 생긴다고 한 것으로 보아, 정서적 위기가 실질적으로 질병을 발생시킬 가능성이 높다고 볼 수 있다.

앞에서 살펴본 바와 같이 우리나라 여성들은 결혼과 동시에 며느리나 아내 또는 어머니로서의 강요된 자기로서 살도록 요구받는다. 이러한 상황에서 여성들의 본연의 자기 즉 '진정한 자기 존재'는 점점 소멸되면서도 어떻게 하든지 결혼 생활을 유지하려고 노력하는

'노력기'라 할 수 있으며 이 시기의 특징은 '안간힘쓰고 버티기'이다. 이 단계에서 대부분의 참여자들은 '수용하기', '부정하기', '맞대응하기', '대안 찾기', '도움 구하기', '이혼에 대해 생각해 보기' 등의 대처방법을 사용한다. 이 노력기의 '수용하기'와 '부정하기' 등의 대처방식은 궁극적으로 문제를 해결하기 어려운 수동적인 대처방식들이다. 이러한 결과는 이혼 여성들이 취한 행위는 본질적으로는 부정과 회피, 합리화, 극도의 인내와 체념 같은 수동적인 행위이며, 절망적 관계에 최선을 다하는 지독한 관계중심성을 노출하고 있다고 한 김혜련(1993)의 연구 결과와 유사하다. 또한 이는 갈등적인 상황을 극복하려고 노력하기보다는 상대방의 요구에 자신을 맞추려고 노력했으며, 남편이나 시집식구들의 부당한 처사에 대해서 맞서 싸울 의지가 없었던 것이었다고 한 지적(장정순, 1994)과도 맥을 같이한다.

하지만 본 연구에서는 참여자들이 폭력을 쓰는 남편에게 미약하나마 힘으로 대항하고 시부모에게 시댁에서의 불합리한 처우에 대해 항의하는 '맞대응하기'와 자신의 일을 찾거나 이민을 시도하고 분가 요구하기, 이민 계획하기, 자기 일 찾기 등의 '대안 찾기', '도움 구하기', '이혼에 대해 생각해 보기' 등과 같은 보다 적극적인 대처방법을 사용하는 것을 확인할 수 있었다. 이를 통해 볼 때 오늘날 우리나라 여성들이 예전보다는 결혼의 어려움에 봉착하여 이를 감수하거나 수용만 하는 자세보다는 어려움을 해결하기 위한 보다 적극적이고 문제해결적인 대처방법을 취하는 것으로 변화하고 있음을 알 수 있다.

대부분의 참여자들의 경우 본인들 나름대로의 노력에도 불구하고 결혼 생활의 어려움이 전혀 개선이 되지 않는 상태에서 강요된 자기가 진정한 자기를 완전히 압도하여 자신의 존재는 없어진 것 같은 극한의 절정상태 즉 '절망기'에 다다른다. 이 시기는 '밑바닥까지 내쳐지기'의 단계로, 참여자들은 '존재 없음'을 경험하여 '극한의 절망'에 빠지고, 이어서 '마음이 닫힘', 감정의 반응으로는 '증오심'이 생기고, 그리고 '건강이 악화'의 경험을 한다. 키르케고르는 절망이야말로 죽음에 이르게 하는 병이라고 하였는데 많은 참여자들이 결혼 생활에서의 어려움으로 인해 실망에 실망을 거듭하면서, 또한 좌절을 반복하면서 죽음과도 같은 절망을 경험한다고 진술하였다.

많은 선행 연구(최정숙, 2004; 노영주, 2001; 김형선, 1997; 변화순, 1995; 곽배희, 1994; 장정순, 1994; 김혜련, 1993; 김정옥, 1993; AIFS, 1999; Amato와 Rogers, 1997)에서 지적되었듯이 참여자들을 극한의 절망까지 몰고 가는 원인인 결혼 생활의 어려움에는 남편의 외도, 폭력, 경제적 무능력과 같은 남편의 극단적인 문제점, 부부간의 문제, 시댁과의 갈등이 있었으며 경제적 어려움, 환경적 어려움 등이 가중되는 것으로 나타났다. 본 연구에서 경제적 어려움이나 환경적 어려움을 부차적 어려움으로 분류한 이유는 조성희(1999)도 지적하였듯이 경제적 어려움이 이혼에 직접적인 영향을 주기보다는 잠재적인 문제가 있던 부부에게 경제적인 어려움이 이혼 결정에 간접적으로 영향을 미친다고 보았기 때문이다. 이를 통해 우리나라 여성들이 겪은 결혼 생활의 어려움은 아직도 우리 사회에 뿌리 깊게 남아있는 가부장적 가족제도와 직결되어 있음을 다시금 확인할 수 있다.

결혼 전기의 특징을 보면 노력기인 '안간힘쓰고 버티기' 단계에서는 대부분의 참여자들이 참고 희생하면서 죽을힘을 다하여 노력하나 그 노력의 많은 부분이 참여자 자신에게만 이해 가능한 자신만의 방식을 사용하는 경우가 많았다. 즉 많은 참여자들이 자신들에게 강요된 역할들은 기를 쓰고 해내어 본인들이 중요하게 여기는 인정과 칭찬, 감동을 기대하지만 자신과 다른 배우자에게 무조건 순종하는 것도 아니고 그렇다고 정면에서 솔직하게 표현하여 충돌하는 것도 아니었기 때문에 부부관계에서 기본이 되는 부부간에 서로 이해할 수 있는 방법, 도구, 통로는 거의 없었고 따라서 배우자와의 합의를 이끌어낼 수가 없었던 것으로 보인다. 아마 상대 배우자들도 참여자들만큼은 아니어도 결혼생활에서 이해되지 않는 어려움으로 인해 힘들었을 것이다. 나름대로 최대한의 노력을 기울인 참여자들은 자신이 존중받지 못한다고 느껴 마음의 문이 닫혀 이혼을 감행하게 되었을 때 남편이나 결혼 생활에 대해 전혀 미련이 남지 않는다고 하였다.

어떻게 해서든지 결혼을 유지하려는 노력기에는 결혼 생활의 어려움을 본인 자신이나 부부의 문제라고 판단하여 외부의 지지체계로부터 적절한 도움을 구하기보다는 혼자 안간힘을 쓰면서 버티는 방식으로 대처하거나 도움을 구하되 적극적이지 않은 방법으로 대처하면서 어떻게 하든 결혼 생활을 유지하려고 한다. 즉 친정 식구나 친구 같은 지지체계의 활용이 미미한 정도에 그치고 전문적인 도움을 구하는 경우는 거의 없었다.

선행 연구(김병찬, 2000; AIFS, 1999)에서도 제기되는 의문 중의 하나는 결혼갈등에 있는 부부들이 왜 도움을 구하지 않느냐는 것이다. 본 연구의 참여자들이 결혼 생활의 전기에서는 주로 혼자서 견디려 하고 도움을 구하되 소극적인 태도를 취하는 것으로 나타난 결과는 자신이 처한 상황을 개선해보려는 적극적인 태도보다는 상황에 자신을 적응해 보려는 소극적인 자세를 취한다는 점을 지적한 선행 연구(장정순,

1994)와 동일한 결과이다.

이에 대해 김혜련(1993)은 가정의 문제는 개인의 사생활(자존심)로 취급하여 서로 이야기를 하지 않는 점, 노영주(2001)는 다양한 사회관계망으로부터 단절되어 있고 감정 정리와 상황 판단이 잘 안 되는 것을 이유로 보았다. 예를 들면 AIFS(1999)의 연구 결과에 의하면 대상자의 50% 이상이 이혼 전에 도움을 구한 것에 비해 김병찬(2000)의 연구에서는 대상자들이 이혼 전에 거의 도움을 구하지 않았다고 보고하고 있다. 이러한 현상은 우리나라 사람들은 어려움에 직면했을 때 외부로부터 적극적으로 도움을 구하기보다는 혼자 혹은 가족 내에서 스스로 해결하려는 성향이 강하기 때문에 외면적 전략보다는 내면적 전략을 자주 사용한다(이은희, 1998)고 이해될 수 있으며, 이를 통해 '개인적' 또는 가족 문제라고 여기는 사건에 대처하는 우리나라 사람들의 문화 특이적인 대처전략의 유형이라고 해석할 수 있겠다. 이는 스트레스를 해결해 나가기 위한 대처 전략은 문화에 따라 달라지는 문화구속적 특성을 가지고 있다는 설명(김춘미, 2001: 노영주, 2001)을 통해서도 확인할 수 있다.

이렇듯 절망기에 이르기까지의 결혼 전기에는 결혼을 유지하려고 안간힘을 쓰며 노력하는 시기이므로 이상과 같이 살펴본 결혼 전기의 특징과 대처전략을 기초로 하여 중재가 제공된다면 그 효과가 클 것이라 기대된다. 즉 이 시기에는 결혼 생활의 갈등으로 인한 위기상황을 효과적으로 극복할 수 있게 하는 중재와 건설적으로 문제를 해결할 수 있는 적절한 대처양식을 습득할 수 있도록 전문적인 도움이 제공될 필요가 있다고 본다.

본 연구 결과 실망기나 절망기에 스트레스와 직결된 갑상선질환과 같은 신체적 증상이나 수면장애, 우울증과 같은 병리적 증상이 나타나고 건강이 악화되는 점이 확인되었으므로 이를 고려하여 간호사로서 병리적 증상에 대해 치료적 간호중재를 제공할 필요가 있다. 또한 이혼 위기에 대한 일차 예방을 위해서 결혼 생활의 어려움에서 오는 스트레스로 인한 반응을 관리할 수 있는 기술을 훈련할 수 있는 기회도 확대되어야 한다. 인간관계에서 가장 기본이 되는 것은 대화, 즉 의사소통이라고 할 수 있는데 남편으로부터 반응이 없거나 부적절하더라도 적절하게 대화를 이끌어갈 수 있도록 집단요법 등을 통해 효과적인 의사소통기법과 인간관계를 훈련할 수 있는 기회를 제공해야 하겠다. 또한 긍정적인 대처행동 및 문제해결방법을 강화시킬 수 있는 프로그램을 개발하여 제공할 필요가 있다.

이를 위해 김순옥(1993)이 제시한 대인관계의 역동성, 가족 내 인간관계, 이성 간의 관계 특성, 의사소통방법, 갈등해결방법 등이 포함된 부부를 위한 프로그램, 최성재(1999)가 개발한 가족해체예방을 위한 가족지원 프로그램도 유용하리라 생각한다.

정신건강 차원에서의 이차 예방은 질병을 조기에 발견하고 즉시 중재하는 것으로 결혼갈등을 겪고 있는 부부에게 제공하는 상담, 위기 중재, 교육프로그램이 이에 속한다.

삼차 예방으로는 스트레스 증상 완화와 긍정적인 대처행동의 지속적인 강화가 필요하다. 간호사는 이와 같은 중재 제공자로서 잘 준비되어 있다고 생각하며, 보건소나 정신보건센터와 같은 기존 공공기관 등에서 이러한 중재를 제공한다면 효과적일 것이다.

참여자들은 '절망기'의 극한의 절망 상태를 전환점으로 결혼을 포기하게 되는 시기인 결혼 후기로 들어서게 된다. '극복기'에 들어서면서 '돌파구 찾기', '적극적으로 도움구하기', '마지막 기회 갖기', 그리고 '이혼에 대해 정당화하기', '이혼 준비하기' 등의 대처방법을 사용하며, 자신들에게 부여된 '강요된 자기'를 박차고 나와서 '진정한 자기 찾기'를 하는 '탈각기' 단계에 이른다.

결혼 후기에는 이미 마음이 닫힌 상태이며 이혼에 대해 정당화하고 준비하는 시기이다. 따라서 이혼과 관계된 도움을 제공해야 한다. 신성자(2000)가 제시하고 있는 이혼 치료와 이혼 중재를 활성화시키며, 특히 이혼 결정 과정에서 극도의 긴장상태나 정서적으로 심한 갈등 관계에 있는 당사자들을 위해 여러 분야의 전문가가 팀이 되어 다각적인 도움을 제공한다면 효과적일 것이다.

본 연구에서 많은 참여자들이 절망기에 건강이 극도로 악화되는 경험들을 하는 것으로 밝혀졌으며 따라서 이 단계에서도 간호사는 정신건강 전문가로서 위기상황에서 나타나는 여러 가지 스트레스 증상을 완화시켜 주고 긍정적인 대처양식을 지속적으로 강화시켜 줄 수 있어야 하겠다. 또한 이혼과 관련하여 상담소를 찾는 여성들의 상담 동기 중 이혼을 위한 구체적인 서비스보다는 자신의 처지에 대한 정서적인 지지를 얻고자 하는 경우가 많았다는 선행 연구 결과(김수정, 2001)와 몇몇 참여자들이 고민 끝에 상담소나 정신과를 방문하여 편안함과 위로를 받은 것이 도움이 되었다는 본 결과를 볼 때 이 시기에 심리적 지지를 비롯한 적절한 간호중재를 제공할 수 있어야 한다.

본 연구 결과에서 많은 대상자들이 도움을 받아야 할 곳을 잘 몰라 적절한 도움을 받지 못하고 있음을 볼 때 현재 지역사회에서 계속 증설하고 있는 정신보건센터와 같은 기관들에서 그 역할을 수행할 수 있어야 하겠고 그에 대한 홍보도 적극적으로 되어야 하겠다. 실제로 호주 같은 나라에서는 이미 인터넷을 통해 결혼 생활 유지나 이혼 전후로 하는 과정에 도움이 되는 많은 사이트가 소개되고 있는 것을 볼 때 우리나라도 사회적으로 국가적으로 국민들이 쉽게 접근할 수 있는 제도적 장치들이 많이 만들어져야 하겠고, 다학제 간의 협력도 그에 못지않게 이루어져야 한다고 생각한다.

여성들이 이혼을 결정하는데 영향을 미치는 또 다른 요인으로는 이혼을 주저하게 하는 요인과 이혼을 촉진시키는 요인이 있었다. 많은 연구(노영주, 2001; 김병찬, 2000; 오형선·곽배희, 1994; 김정옥, 1993; 오형선, 1989; 엄신자, 1988)에서 이혼 억제 요인에 대해 지적하고 있으나, 이혼의 직접적인 사유가 되는 결혼의 어려움 외에 이혼을 촉진시키는 요인을 밝힌 연구는 거의 없다. 따라서 이혼 결정에 있어 결혼의 어려움 외에 이혼을 촉진시키는 요인을 밝혀낸 본 연구 결과는 그 의의가 크다고 본다.

3. 이혼 결정 유형

한편 본 연구에서 도출된 이혼 결정 과정의 유형은 이혼 결정 목적에 따라 '능동적 자기 찾기'와 '피동적 자기 찾기'로 분류되었다. 능동적 자기 찾기 유형은 이혼을 결정한 목적이 결혼 생활에서 점점 소멸되어가는 자기를 적극적으로 찾기 위함이었다. 이 유형에 속하는 참여자들은 자신의 삶에 대한 애착이 강하고, 이혼을 통하여 자신의 삶을 재구성하고자 이혼을 결정한다.

피동적 자기 찾기 유형은 이혼의 일차적인 목적이 자신이 처한 결혼 현실로부터의 탈피였으며, 이혼한 후 자기를 찾는 부차적인 결과를 가져온 것을 깨닫는 유형이었다.

노영주(2001)와 김혜련(1993)은 결혼의 어려움에 대처하는 양상에 따라 두 유형으로 구분하였으나, 본 연구에서는 이혼을 하기로 결정한 여성들의 유형을 두 유형으로 분류하였다.

이상과 같이 이혼 결정은 어떤 한 순간의 결정이 아니라 거듭거듭 생각하다 결정하는 것임이 본 연구에서 명확히 나타났다.

이혼 과정을 다룬 선행 연구 중 김혜련(1993)의 연구는 가부장적 구조 속의 이혼 여성의 경험을 통해 결혼부터 이혼 후까지의 이혼 과정을 다루었으며, 곽배희(1994) 역시 가부장적 가족제도에서 여성이 이혼을 결정하기까지의 과정을 사례연구를 통하여 세 단계로 분석하였다. 최근 최정숙(2004)이 발표한 여성의 이혼 과정에 관한 근거이론 연구를 살펴보면 이혼에 이르는 과정뿐 아니라 이혼 후의 삶을 재정립하는 이혼의 전반적인 과정에 초점을 맞추었다. 이들 선행 연구들이 이혼여성의 경험을 통하여 이혼 전후 과정을 포괄적으로 연구한 것에 의미를 둔다면 본 연구는 이혼 과정 중에서도 이혼을 결정하기까지의 과정에 초점을 두어 여성들이 결혼에서 이혼에 이를 때까지의 심리적인 상태와 대처방법, 이혼 결정의 구체적인 단계 및 특징에 초점을 맞추어 심도 깊게 살펴보았다는 것에 그 의의가 있다.

끝으로 본 연구가 여성을 대상으로 여성의 입장에서 여성의 경험을 다루었다는 측면에서 부분적으로 페미니스트 관점의 연구라고 볼 수 있다. 페미니스트 관점 연구에서는 여성의 경험을 통해 여성 스스로 인지하지 못했던 사실을 인식할 수 있게 해줌으로써 사회 가치체계나 계층 구조 속에 숨어 있는 여성의 가치를 찾아내고자 함과 동시에 변화의 방안을 모색하고자 하기 때문이다. 또한 간호지식체는 비단 양적 접근에 의해서만이 아니라 질적 접근에 의해 도출된 주관적 경험에 의해서도 그 영역을 지속적으로 확장시켜 나갈 수 있으며, 더 나아가 페미니즘을 도입함으로써 궁극적으로 '인간중심'의 상호작용적 전인간호 제공을 위한 중추적 역할을 담당하게 될 것이라 본다(이명선, 2004). 이런 면에서 본 연구도 간호와 돌봄 그리고 건강과 관련된 여성의 경험을 보다 가치화하고 정당화할 수 있으며, 더 나아가 여성에게 억압적인 사회적 구조와 상황을 더 잘 변화시키는 목표에 부합된다고 볼 수 있다.

제6장

에필로그

이 책의 연구에서는 이혼여성의 경험을 통하여 이혼 결정 과정을 보다 세밀히 관찰하고, 각 단계의 특징을 파악하기 위하여 Strauss & Corbin(1998)이 제시한 근거이론방법을 이용하였다.

이 연구의 참여자는 이혼 후 재혼하지 않은 여성 8명으로, 자료 수집은 2003년 12월부터 2004년 10월에 걸쳐 심층면접을 통해 이루어졌고, 참여자의 동의 하에 녹음된 자료는 필사본을 만든 후 계속적인 비교분석방법을 이용하여 참여자들의 이혼 결정 과정에 초점을 두고 분석하였다.

주요 연구 질문은 "이혼여성이 경험한 이혼 결정 과정은 어떠한가?"이었다.

연구의 결과는 다음과 같다.

첫째, 여성의 이혼 경험 핵심 범주는 '강요된 자기 버리고 진정한 자기 찾기'이다.

둘째, 여성의 이혼 결정 과정은 크게 두 시기로 나누어지는데, 어떻게 해서든지 결혼 생활을 유지하려는 결혼 전기와 이혼을 더 이상 피할 수 없다고 느껴 결혼 생활을 포기하게 되는 결혼 후기로 구분된다. 이혼 결정 과정은 구체적으로 희망기, 실망기, 노력기, 절망기, 극복기, 탈각기의 여섯 단계로 확인되었다.

1) '희망기'는 기대 갖고 출발하기의 단계로 잘 살 수 있을 것 같은 자신감과 결혼에 따른 편안함, 해방감, 행복감과 같은 안정감을 느끼는 단계이다.

2) '실망기'는 어려움에 부닥치기의 단계로 남편과 시댁이 자신의 생각과 기대와는 다름에 부딪히면서 소통의 부재, 신뢰가 깨지는 단계이다. 이 단계에서는 힘겨움, 실망감, 외로움, 분노, 서운함, 수치심, 두려움, 싫어짐과 같은 여러 감정적 반응이 나타난다. 또한 신체적 증상과 수면장애, 우울증 등과 같은 병리적 증상이 발현되었다.

3) '노력기'는 안간힘쓰고 버티기 단계로 수용하기, 현실 부정하기, 맞대응하기, 대안 찾기, 도움 구하기, 이혼에 대해 생각해 보기 등의 대처방법을 사용한다.

4) '절망기'는 밑바닥까지 내쳐지기 단계로 결혼 생활에서 자신의 존재가 없음을 느끼는 참여자들은 극한의 절망감에 빠지고 마음이 닫히며 남편과 시댁에 대해 증오심을 가지며 건강이 악화되기도 한다.

5) '극복기'는 절망기에서 느끼는 극한의 절망감이 원동력이 되어 밑바닥치고 오르는 단계로 돌파구 찾기, 적극적으로 도움구하기, 마지막 기회 갖기, 이혼에 대해 정당화하기, 이혼 준비하기 등의 대처방법을 사용한다.

6) '탈각기'는 박차고 나오기 단계로 주어진 역할을 수행하는 것으로 가득 찬 강요된 자기를 벗어던지고 진정한 자기를 찾는 단계이다. 이 단계에서는 나 찾기와 자유 찾기가 이루어지는 단계이다.

셋째, 이혼 결정 과정에 영향을 미치는 요인 중,

1) 원인적 요인은 '결혼의 위험 요인'으로 자신이나 남편에 대한 인식 부족, 결혼 현실에 대한 인식 부족, 신중하지 못한 결혼 결정, 적절한 결혼 모델의 부재, 혼전 성관계·임신·동거 등이었다.

2) 맥락적 요인은 '결혼 생활의 어려움'으로 남편의 외도, 폭력 등과 같은 남편의 문제, 부부간의 문제, 시댁과의 갈등이 있었으며, 이 외에 경제적 어려움이나 환경적 어려움과 같은 부차적인 어려움이 가중되는 것으로 나타났다.

3) 매개 요인은 이혼 결정 과정에 영향을 미치는 요인으로 '이혼 주저 요인'과 '이혼 촉진 요인'으로 구분된다. 주저 요인으로는 자녀, 자존심, 자립심 부족, 부정적인 인식, 종교 등으로 나타났다. 촉진 요인으로는 가치관의 변화, 타인에 의한 객관성 부여, 경제력 확보, 자녀나 친정의 권유 등이 있었다.

넷째, 여성의 이혼 결정 유형은 '능동적 자기 찾기'와 '피동적 자기 찾기'의 두 가지 유형으로 분류(구분)되었다.

본 연구 결과는 결혼의 위기 상황에 처한 여성들의 어려움을 도와줄 수 있는 여성 건강간호전략과 정신간호중재를 개발하는 데 유용한 기초 자료로 활용될 수 있으리라 기대된다.

본 연구 결과는 이혼 결정 과정에 초점을 맞추어 이를 심층적으로 분석하고 그 단계적 특성을 파악함으로써 여성 건강간호전략과 정신간호중재 개발에 필요한 기초 자료를 제공하였다는 점에서 연구의 의의를 찾을 수 있을 것이다. 한편 연구 참여자가 여성에 제한되어 있고, 일방적으로 이혼당한 여성이 포함되지 않았다는 점에서 제한점도 지니고 있다. 따라서 다음과 같이 향후 연구의 방향과 정책적 과제를 제언하고자 한다.

첫째, 여성과 남성의 이혼 결정 과정을 비교하는 연구가 필요하다.

둘째, 결혼의 어려움이 심각한데도 불구하고 이혼하지 않는 여성들과의 비교 연구가 필요하다.

셋째, 건강한 결혼을 위해 자기이해, 성격유형, 결혼과 가정, 의사소통과 인관관계 훈련 등에 대한 한국형 결혼교육프로그램 개발이 필요하다.

넷째, 결혼 생활의 갈등을 겪는 결혼 전기에 있는 부부들을 위해 스트레스 관리, 효과적인 의사소통, 문제해결방법, 위기 중재 등의 내용을 포함하는 결혼위기중재 프로그램 개발이 시급하다.

다섯째, 이미 이혼을 결정하고 있는 결혼 후기의 부부를 위해 이혼중재나 이혼 치료를 활성화해야 할 것이다.

여섯째, 국민에게 친숙한 보건소와 같은 공공기관이나 교회 등의 종교단체 등을 이용하여 결혼교육 및 결혼위기중재 프로그램을 시행하도록 하여야 할 것이다.

일곱째, 장기적 과제로 정부 차원에서 전담기관을 설립, 위와 같은 프로그램을 적극 홍보하여 국민들이 쉽게 접근하고 도움받을 수 있도록 하여야 할 것이다.

참고문헌

강희숙(1987), 「통계자료에 의한 이혼 고찰」, 서울대학교 석사학위논문, 서울.

곽배희(1994), 「이혼원인 및 과정에 관한 사례 연구」, 이화여자대학교, 석사학위논문, 서울.

_____(2002), 「한국사회의 이혼실태 및 원인에 관한 연구」, 이화여자대학교, 박사학위논문, 서울

권희완(1995), 「부부관계의 인식에 관한 연구」, In 여성한국사회연구회(편), 『한국가족문화의 오늘과 내일』, 서울, 사회문화연구소, 35-70.

김계행(1991), 「이혼에 관한 문헌적 고찰」, 중앙대학교, 석사학위논문, 서울.

김남숙(1993), 「부모의 이혼이 청소년 자녀에게 미치는 영향」, 중앙대학교 석사학위 논문, 서울.

김병찬(2000), 「한국 가족의 이혼 원인과 이혼과정」, 경북대학교, 박사학위논문, 대구.

김수정·권신영(2001), 「이혼 과정에 있는 여성에 대한 사회적 자원의 필요성-상담사례를 중심으로」, 『한국가족복지학회지』.

김순옥(1994), 「이혼의 실태고찰과 대책 제안」, 성균관대학교 사회과학연구소, 『사회과학』, 33(2), 153-169.

김순옥·노명숙(2000), 「판례에 나타난 이혼원인분석」, 성균관대학교 생활과학연구소, 『생활과학』, 97-120.

김순옥·유경희(1996), 「남편의 권위주의적 의사소통에 대한 부부간의 인지분석」, 『한국가정관리학회지』, 14(1), 21-33

김인숙(1988), 「부부간의 의사소통 유형 제 차원에 따른 결혼 만족도와 관계에 대한 연구」, 서울대학교 석사학위논문, 서울.

김정옥(1993), 「이혼원인의 실증적 연구」, In 한국가족학연구회, 『이혼과 가족문제』, 하우, 서울.

김정옥(1993), 「이혼대책에 관한 요구도 조사」, In 한국가족학연구회, 『이혼과 가족문제』, 하우, 서울.

김정옥(1993), 「이혼과 대책」, In 한국가족학연구회, 『이혼과 가족문제』, 하우, 서울.

김정옥·박경규(1993), 「이혼의 사회적 배경 고찰」, 『대한가정학회지』, 31(4), 83-94.

김태진(1992), 「우리나라 이혼에 관한 통계적 고찰」, 서울대 보건대학원 석사학위논문, 서울.

김형선(1997), 「배우자 선택과정과 결혼의 질이 이혼에 미치는 영향」, 경희대
학교대학원 석사학위논문, 서울.

김혜련(1993), 「여성의 이혼경험을 통해 본 가부장적 결혼 연구」, 이화여자대
학교 석사학위논문, 서울.

_____(1995), 『남자의 결혼 여자의 결혼』, 서울. 도서출판-또 하나의 문화.

김혜선(1982), 「현대가족문제에 관한 연구-한·일 간의 이혼경향에 관한 연구」,
『대한가정학회지』, 20(1), 97-110.

김혜선·한희선(1995), 「배우자선택 메카니즘에 대한 연구」, 『한국가정관리학
회지』, 13(3), 144-155.

김화자·윤종희(1991), 「가족생활주기에 따른 부부의사소통효율성과 결혼 만
족도에 관한 연구」, 『한국가정관리학회지』, 9(2), 155-170.

김춘미(2001), 「재가 치매노인을 돌보는 가족원의 대처과정」, 서울대학교 간호
대학 박사학위 논문, 서울.

남은자(2001), 「우리나라 이혼의 양상분석」, 서울대학교 보건대학원 석사학위
논문, 서울.

노영주(2001), 「이혼여성의 모성경험에 관한 문화기술적 사례연구」, 1999년도
학술진흥재단 국내 post-doc 연수결과 미발간 보고서.

박부진(2000), 「한국사회의 이혼실태와 이혼가족의 문제」, 서강대학교 사회과
학연구소, 『사회과학연구』, (9), 84-101.

박영신 역(1990), 『사회과학의 상징적 교섭론』, 민영사, 서울.

박현숙(1981), 「갈등가정과 이혼가정이 자녀의 인성에 미치는 영향」, 성균관대
학교 석사학위논문, 서울.

박영숙(1999), 「별거와 이혼」, In 최연순·장춘자·조희숙·최양자·장순복·
박영숙·이남희·조동숙·이은희(4ed), 『여성건강간호학』(pp. 1436-1441),
서울, 수문사.

방선욱(1992), 「이혼적응을 위한 프로그램 개발에 관한 조사연구」, 서울여자대
학교 석사학위논문, 서울.

변화순(1988), 「판례에 나타난 이혼의 원인과 결과에 관한 분석」, 1988 한국사
회학회 In 88년 전기사회학대회.

변화순(1995), 「가족해체와 재구성」, In 여성한국사회연구회(편), 『한국가족문
화의 오늘과 내일』, 서울, 사회문화연구소, 293-328.

서문희(1993), 「부인의 이혼과 재혼에 영향을 미치는 사회인구학적 및 결혼 관
련요인」, 『보건사회논집』, 13(2), 1-19.

성정현(1998), 「성역할태도와 이혼여성의 적응에 관한 연구」, 서울대학교 사회

　　복지학과 박사학위논문, 서울.

손장권·이성식·전신현 역(1994), 『미드의 사회심리학』, 서울, 일신사.

송미승(2001), 「이혼여성의 자녀양육 경험」, 중앙대학교 박사학위논문, 서울.

신성자(2000), 「이혼과정에 있는 부부들을 위한 학제간 팀 이혼중재에 관한 연구」, 『한국가족치료학회지』, 8(1), 31-58.

엄신자(1988), 「내담자를 통해서 본 이혼의 원인과 근인에 관한 연구」, 이화여자대학교 석사학위논문, 서울.

엣센스국어사전(2000), 4ed. 서울, 민중서림.

오경희(1997), 「의사소통양식, 의사소통도 및 결혼 생활만족도」, 『한국가정관리학회지』, 15(4), 201-220.

오선주(1995), 「교육수준, 직업과 이혼 상태율」, 『한국가정관리학회지』, 13(3), 1-13.

오형선(1989), 「도시부부의 이혼태도에 관한 연수」, 중앙대학교 석사학위논문, 서울.

윤형진(1996), 「이혼에 대한 통합적 고찰」, 총신대학 신학대학원 석사학위논문, 서울.

이무영(2003), 「이혼결정과정에 영향을 미치는 요인분석」, 숙명여자대학교 박사학위논문, 서울.

이명선·이봉숙(2004), 「페미니즘과 질적간호연구」, 『대한간호학회지』, 34(3), 565-575.

이재경(2000), 「성별화된(Gendered) 이혼과 여성」, 『가족과 문화』, 12(2), 81-98.

이주홍(2002), 「한국사회의 이혼율 증가에 관한 연구-1997년 이후 구조적 요인과 미시적 요인을 중심으로」, 연세대학교 석사학위논문, 서울.

이은희(1998), 「치매노인 부양가족원의 대처반응이 부양가족원의 생활만족도와 부양부담에 미치는 영향연구」, 『사회복지개발연구』, 4(2), 148-167.

이화숙(1996), 「현행 친권법상 자녀의 이익과 부모의 책임」, 『정신건강연구』, 15, 1-27.

장정순(1994), 『왜 이혼 못하는가』, 서울, 현민시스템.

조성희(1999), 「실직이후 부부의 이혼가능성」, 『가족과 문화』, 제11집 2호.

주소희(1992), 「이혼 가정 자녀의 정신건강에 관한 연구」, 이화여자대학교 석사학위논문, 서울.

주미대(1982), 「재판상 이혼원인에 관한 연구」, 이화여자대학교 석사학위논문, 서울.

주정(1995), 「대구지역사회의 이혼상담실태에 대한 사례분석-가정법률상담소를 중심으로」, 조선대학교 석사학위논문, 광주.

최진섭(1990), 「이혼 배우자의 자녀양육에 관한 법제연구」, 연세대학교 박사학위논문, 서울.

최정숙(2004), 「여성의 이혼과정에 관한 근거이론 연구」, 이화여자대학교 박사학위논문, 서울.

최재석(1981), 「한국가족의 해체에 관한 연구: 도시가족의 이혼을 중심으로」, 한국정신문화 연구원 위탁연구과제.

표계학(1995), 「이혼으로 인한 배우자와 자녀의 부양에 관한 비교법적 연구」, 인하대학교 박사학위 논문, 인천.

최성재·이영분·변화순·조성희·강옥경·장연진(1999), 「가족해체를 예방하기 위한 가족 지원 프로그램 개발연구」(1999 보건복지부 지원연구), 한국건강가족실천운동본부.

통계청, 「1980-2004 한국의 사회지표」.

Albrecht, S. L.(1980). Reaction and adjustment to divorce: differences in the experience of males and females, *Family Issues*. 20, 155-180.

Ahron, C.(1994) The good divorce: Keeping your family together when your marriage comes apart. NY. HarperCollins Publish.

Amato, P. R.(2000). The consequences of divorce for adults and children. *Journal of Marriage & the Family*. 62, 1269-1287.

Amato P. K. and Previt, D.(2003). People's Reasons for Divorcing, *Journal of family issues*. 24(5), July, 602-626.

Amato, P. R. & Rogers, S. J.(1997). 'A longitudinal study of marital problems and subsequent divorce'. *Journal of Marriage and the Family*. 59, 612-624.

Australian Institute of Family Studies[AIFS](1999). Towards understanding the reasons for divorce(Working Paper No. 20 June), Melbourne.

Bohannan, P.(1970). The six situations of divorce. In divorce and after. Ed. by Bohnnam, Garden City, NY. double day.

Carmichael, G., Webster, A. & McDonald, P.(1997). Divorce Australian style: a demographic analysis. *Journal of divorce and Remarriage*. 26(314). 3-37.

Chenitz, W. & Swason, J. M.(1986). Qualitative Research using Grounded Theory, from practice to Grounded Theory: Qualitative Research in Nursing, Menlo Park, CA: Addison-Wesley publishing Co.

Denzin, N. K. & Lincoln, Y. S.(1994). Handbook of Qualitative Research, Sage Publication Inc.

Glaser, B. G.(1978). Theoretical Sensitivity, Mill Valley, CA: The Sociology Press.

Glaser, B. G. & Strauss, A. L.(1967). The Discovery of Grounded Theory NY: Aldine.

Glenn, N. D. & Suspanic, M.(1984). The social and demographic correlates of divorce and separation in the united states: an update and reconsideration, *Journal of marriage and the Family*. 46, 563-575.

Gottman, J. M.(1994). What Predicts divorce? Hillsdale, NJ: Lawrence Erlbaum.

Holmes, T. & R. Rahe(1976). The social readjustment rating scale. *Journal of psychosomatic research*. 11, 213-218.

Kim, U. S.(1995). Culture research and feminism-feminist Marxism and culture research. *Journal of Korean society and Journalism*. 5, 90-115.

Kurdek, L.(1993). 'Predicting marital dissolution: a five-year prospective longitudinal study of newlywed couples'. *Journal of Personality and Social Psychology*. 64(2), 241-242.

Lamanna, M. A. & Riedmann, A.(1991). Marriages and Families, Wordsworth Publishing Company.

Lee, K. H. (1996). Korean women's health and culture. *Academic Symposium at Ewha Womans University*. 11(1), 137-145.

Levinger, G.(1966). Sources of marital dissatisfaction among applicants for divorce. *American Journal of Orthopsychiatry*. 36, 803-807.

Norton, A. J. & Moorman J. E.(1987). Current trends in marriage and divorce among American women. *Journal of Marriage and the Family*. 49, 3-14.

McPhee, J. T.(1984). Abiguity an change in the post-divorce family: toward a model of divorce adjustment. *Journal of divorce*. vol. 8, p.3

Strauss, A. & Corbin, J.(1990) Basics of Qualitative Research-Grounded Theory Procedures and techniques, NewDeli, SAGE Publication, Inc. 1990.

Wallerstein, J. & Blakeslee, S.(1989). Second chances: men, women and children a decade after divorce, NY: Ticker and Fields.

White, L. K.(1990). 'Determinants of Divorce: A Review of Research in the Eighties'. *Journal of Marriage and the Family*. 52, 904-912.

White, L.(1991). Determinants of Divorce: A review of research in the eighties. In A, Booth(Ed.), contemporary families: Looking forward, looking back(pp. 141-149). Minneapolis, MN: National council on family Relations.

Wiseman, R. S.(1975). "Crisis theory and the process of divorce", *Social Casework*. Vol. 56, 205-212.

주혜주

서울대학교 간호대학 박사
경인여자대학 간호과 교수

『체험과 성찰을 통한 의사소통 워크북』(공저)

여성은 어떻게
이혼을
결정하는가

초판인쇄 | 2012년 6월 11일
초판발행 | 2012년 6월 11일

지 은 이 | 주혜주
펴 낸 이 | 채종준
펴 낸 곳 | 한국학술정보㈜
주   소 | 경기도 파주시 문발동 파주출판문화정보산업단지 513-5
전   화 | 031) 908-3181(대표)
팩   스 | 031) 908-3189
홈페이지 | http://ebook.kstudy.com
E-mail | 출판사업부 publish@kstudy.com
등   록 | 제일산-115호(2000. 6. 19)

ISBN   978-89-268-3401-5 93330 (Paper Book)
        978-89-268-3402-2 98330 (e-Book)

내일을여는지식 은 시대와 시대의 지식을 이어 갑니다.